今日はぶどうパン

平松洋子

プレジデント社

目次

これも味のうち

おいしさのタネ

そこにあるもの

だから気になる

待ちぼうけの丼

カバー撮影協力
東京・中村橋「キャプテン」

写真　日置武晴
イラストレーション　吉富貴子
デザイン　島田　隆

これも味のうち

乾かす

美味を招く変化

木曜の朝、小さな包みが届いた。裏を返して宛名をたしかめると、ときどきおいしいものを送ってくださる方の馴染みのある字があった。なにかしら。期待半分、驚き半分、両方が入り交じって指が急ぐ。中身をたしかめる前に、すでにうれしい。

開けると、保存袋のなかに中指ほどの小鯏の生干しがたくさん入っていた。添えられた紙片にこうある。千葉の房総を旅しているとき朝市で見つけ、あまりにおいしそうなので思わず買ってしまいました。ぬる燗でどうぞ——日本酒を愛している男性だから、酒のうまさを思って食指が伸びたに違いなく、微笑ましい気持ちになる。

獲れ獲れの新鮮さは目に痛いほどだ。銀鱗が底光りし、頭から尾びれまで勢いがしゅっと走っている。海から上がりたてに天日と海風のシャワーをさっと浴びせかけた、そんなとびきりの小鯏たちの到来である。

とても夕方まで待てず、朝ごはんを食べたあとだったのに、一尾焼いた。網にのせて焙りはじめると、潮の香りといっしょに濃厚な脂の香り。朝っぱらから鰯の生命力にたじろぎ、おーい酒だ、酒もってこい、という気持ちに駆られる。しかし、どうにか踏ん張って我慢し、台所に立ったまま囓ると——ごくちいさな一尾なのに、乱暴なまでの密度濃い味に充ちている。

してやられた。そして思った。

もっと乾かしてみよう。

天日と海風に反応したのである。

乾かすと、新鮮そのままの生の味より、うまみが増幅する。飛んだ水分と引き換えにべつの風味が顔をのぞかせ、味わいが前に向かう。そうと決まると、初夏のように強い今日の陽射しは小鰯のためにあるとしか思えない。朝方干した庭の洗濯物に視線を送ると、あっちはあっちですこぶる機嫌がよさそう。とりあえず四分の一ほど、ザルにのせた小鰯たちを新聞紙を布団にして寝かせた。いい風が吹いているから外に出したかったが、毎朝午前十時半過ぎに庭を横切ってゆく猫たちにさらわれるのもくやしく、やっぱり部屋のなかにしておこうと思い直して日当たりのよい窓際に置く。

いい一日になった。乾かす、ただそれだけの行為があんなに豊かで愉しいものだったとは。

じつは、部屋のなかだったからこそのおもしろみがあった。へんなところでせっかちなわたしは、本を読むあいま、鰯のご機嫌を観察しに近づく。真昼の太陽がいい熱を送りこむ午後二時過ぎ、あっと目を見張った。折りしも小鰯が全身で反応し、銀鱗の奥まったところから透明な脂がじわじわと浸みだしている最中である。見てはいけないものを見てしまった気にさせられ、どきっとする。「乾かす」という動詞の現在進行形を映像で確認した気になった。

その夕方、買い物やら書店めぐりやらひと通り用事をすませて戻ると、部屋中に鰯の匂いが暴れている。なるほど、乾かすという行為は愉快なものなんだな。

チクタク時計の針が動き、なにかに向かって事態が進んでゆくのを逐一見守った一日。その夜は、送り主の指示にしたがって、ぬる燗をつけた。半日ほど乾かしたぶん、朝食べたときより格段に密度が高まって目を見開く。もちろん酒も進んで困った。乾かすと、いいことがある。

挟む
知恵と工夫の産物

挟むだけで世界が激変するのが、きゅうりのサンドウィッチである。

きゅうり。

食パン。

どっちも、ごくありふれた存在だ。ところが、食パン、それもきつね色に焼いたトーストに薄切りのきゅうりを並べてぱたんと挟むと、たったそれだけで新しい世界が出現する。ハムより、コロッケより、卵より、挟んだときに鮮烈さが際立つのは、断然きゅうり。挟み撃ちにされたパリパリの鮮度に、してやられる。

挟む味に膝を乗りだしたのは小学四年、給食の時間だった。ある日、隣の席の男子がコッペパンを縦に開き、ふたつに開いたところへおかずを挟んで食べるようになった。給食当番の先導で「いただきます」を合唱すると、その男子（名前は忘れてしまった）はまっさきにコッペパンを手にして先割れスプーンの先っちょをぐ、ぐ、ぐ、と射し込んで、脇に道をつける。できた裂け目をそろそろと開くと、コッペパンは縦長の白い蝶々のようになった。その片面にマーガリンを塗ってから、酢豚、野菜炒め、筑前煮、なんでも挟む。均等に並べて挟み終えると、一回ぎゅっと押して軽くなじませるところに、その子なりの知恵と工夫があった。

「なんで？」

訊いてみると、返事は明快だった。

「早く食べられる」

給食を早く食べ終えたら、そのぶん外で長く遊べる――小学四年男子の生活と意見である。

これが、あっというまにクラス中に流行った。コッペパンを握って端からかぶりつく荒っぽさが男子の琴線に触れたらしく、我も我もとおかずを挟み始めたのである。さすがに先生は「行儀が悪い」と嫌な顔をしたけれど、止めろとも言わなかった。

わたしも真似をしてみた。忘れられないのは鯨の竜田揚げとせん切りキャベツを挟んだ味だ。昭和三十九年、鯨の竜田揚げは給食の常連で、からりと揚がった厚い衣に噛《かぶ》りつくと鯨の味が舌の上にじんじん広がって、むやみに食欲を刺激する。付け合わせのせん切りキャベツも竜田揚げにぴったりで、みんな月に一度の鯨の竜田揚げを心待ちにしていた。

ただし、コッペパン丸々一本に挟む男子方式は少し恥ずかしく、三分の一ほどちぎって開いたところへ二片ほど挟み、間から転げ落ちないようしっかり握った。

びっくり仰天だ。挟んで食べると、味が何倍も大きく、太くなる。ついさっきまで変わり映えのしないコッペパンといつもの竜田揚げだったのに、別物の味に昇格している。男子、やるじゃないか！味をしめたわたしは、家で朝食を食べるとき、食パンにハムやきゅうりを挟むようになった。トーストにハムかきゅうりをのせて、一気にぎゅっと二つ折り。挟んだ直後、むくむくと過剰な所有欲が湧くのは、ぎゅっと握るからだ。

いまだに、挟むときはうれしい。れんこんと豚ひき肉。いぶりがっことクリームチーズ。からすみと大根。白菜と豚肉。キャベツとベーコン。挟んだとき、ほんの少し押すようにして馴染ませると、全体がみちっとして密度が増す。その瞬間、挟んだ快感が充たされ、ふふと笑いがでる。挟むと、食べる前に、すでにおいしい。

噛む

いいことずくめ

外出間ぎわ、手早く食事をすませたくて、手近なものばかり掻き集めた。残りもののじゃがいも入りオムレツ、バナナ、アボカド、ヨーグルト、ゴーダチーズひとかけ。台所のスツールに腰掛けてあわてて食べ終え、家を飛びだしたのだが微妙におさまりが悪い。バスに飛び乗ってようやく落ち着いてから、はっとした。

（食べたもの全部、歯ごたえがなかった）

歯がなくても嚥下できる軟らかなものばかり。しかし、わたしは同時に安堵した。軟らかなものだけでは物足りませんと脳が訴えかけている。歯がちゃんと噛みたがっている。

バスに揺られながら、ついでに思い出した。ある高級料亭の主人が言っていた。

「うちはご高齢のお客さまが中心ですから、お料理は押し並べて軟らかくつくってあります。ごはんもかなり軟らかい。鮑も筍もとうぜん軟らかく炊きますし、包丁目の数もそりゃあ細かい。若い方には物足りないのは承知の上なんです」

まあいってみれば軟らかいのは営業方針でございまして、と主人は言い足した。「あの店はうまいんだが、どうも食べた気がしない」と陰口を言っていた知人がいたけれど、それもそのはずなのだった。

噛むちからは年々歳々右肩下がりになってゆく。歯茎も年齢とともに緩んでゆく。こればっかりは誰にでも平等に訪れる摂理だが、だからこそ噛めるうちは目一杯歯を使いたい。噛んでしっかり咀嚼すれば、あごの筋肉を使う。筋肉を使えば脳の神経が刺激される。唾液がでて消化を助け、満足感も高まる。噛めば噛むほどいいことずくめである。

しかし、よく噛むというのは、じつに努力を要求してくる行為なのだ。やってみればすぐわかる。「三十回噛むぞ」と決意しても、これがなかなか。粥やポタージュのときも噛むように食べなきゃと意識するのだが、いっぽう喉はごっくんと嚥下したがる。飲みこむというのは、どうやら食べる快楽のひとつなんですね。十回噛んだあたりから「飲みこみたい誘惑」に駆られて困る。

さて、わたしがこれまでいちばん敗北感にまみれたのは伊賀の堅焼きせんべいだ。さすが伊賀の忍者の携帯食だっただけあって手で割ろうとしてもびくともせず、岩石どうぜん。歯ならだましだまし囓れるかと思ったがびくともしない。曲がりなりにも肉食動物だというのに。ちなみに噛むちからの強い動物ベスト5は、①ナイルワニ　②ワニガメ　③ライオン　④ホホジロザメ　⑤ブチハイエナ、の順番だそう。肉を食べて「やわらかあい」と感涙にむせんでいる人間はいったい何位につけるのやら。無力感でいっぱいになってくる。

しかし、どんな機能も使わなければガタがくる。ときどき発奮し、噛めば噛むほど味がでるものに触手を伸ばして自分の歯を叱咤激励するわけです。野菜ならごぼう、れんこん。生のにんじんをがりごり。魚介ならいか、たこ、貝のひも。乾物なら干し貝柱、トバ、干鱈、するめ。

噛むちからが最も試されるのがほかでもない、するめである。するめ、あれは侮れない。ぺらぺらの風体をして頼りなさそうに見えるが、しぶとさにかけては右にでる者がない。噛むちからが足りなければ、たちまち口蓋は傷だらけ。頓挫して中途半端に飲みこむと消化もままならず、腹がきつくなって苦しむ。するめは、歯の実力に挑んでくるのだ。

だから、眠気を追い払いたいとき効果てきめんなのは、ガムではなく、するめだそうである。あごの筋肉を酷使するから、脳の神経がはげしく刺激されるという。とはいえ、差し当たって車中では火が燃やせない、やたら濃い臭気がこもる……心配ごとは尽きないわけだが、念のために、するめをドライブの常備品にくわえておいてはどうだろうか。

歌壇
自力vs他力ケア、美しさを競う10番勝
衰え知らずの肌になる！朝&夜の洗顔革
塗らない、のせない。超ナチュラルな肌メ
30代の美しさは口元の品格で決まる
本当に持つべきコスメとその使い方、合わせ方
毎日のセルフケアで自分史上、最高美人に
自力本願の
30代美容
素肌美人の愛食レシピ
今年の美白は裏をかけ！
3大肌トラブル徹底解決
全解明
TPP
あなたの仕事生活・地域が大激変！
暮らしが変わる！
ネット個人輸入のお土産持ち込み放題!?
攻める農業
自動車産業は本当に
高関税のフシギ
大塚グループ大解剖
度化学
環太平洋経済連携協定
3つの政府試算の

絞る

手加減ひとつ

またそんな古くさいことを、と笑われるだろうけれど、むかしの水着は重かった。生地も厚いし、水も吸う。それに較べて、最近の水着の性能はすごい。極限まで薄く、だいいち生地そのものが水を吸収しない。技術開発の日進月歩ぶりを体感するたび、宇宙服を着ているような気持ちになる。

こどものころ、水着の重さにいつまでも慣れなかった。ひとしきり泳いで休憩時間になると、「全員上がれ」のホイッスルが鳴ってプールサイドに上がる。すると、水着がだぶだぶと重い。厚い生地がありったけの水分を吸いこみ、身体にべったりまとわりつく。

水を吸った水着は、重力に負けて弛《ゆる》み、下方にだらしなく垂れる。男子の水泳パンツはずり落ちて白い尻がのぞくし、女子のワンピースは胸に縫いつけた白いゼッケンと生地のあいだに水が溜まった。むかしの水着はスポンジみたいに水を確保したのである。こういうものだとあきらめていても、やっぱり妙な違和感があった。だから夏休みの記憶は、炎天下のプールの時間が終わって下校するとき、手にぶら提げたビニールバッグの持ち重り感とワンセットだ。とはいえ、力まかせにぎりぎりやると、繊維が切れたりよじれたり。そもそも生地の性能がいいわけではないから、乱暴に絞ればだらんと伸びる。

もちろん台所でも事情は変わらない。ほうれんそうの絞りかたなど、存外にハードルが高い。ことにお浸し、あれは絞りかたひとつでおいしさの半分が決まるのではないか。うっかり固く絞ると、かすかす。力足らずでは、びしょびしょ。余計な水気は除きつつ、しかし水分はほどよく——口でいうのは簡単だが、勘どころはなかなかむずかしい。

さきごろ、若い女性がひとりで開店した居酒屋に足を運ぶ機会があった。おから、きんぴらごぼう、じゃがいもの煮っころがし、おふくろの味の定番が大皿に盛りこまれてカウンターに並び、暖簾をくぐっただけで目がなごむ。はやくも男性の常連客がついているのも納得するなあと思いながら、きんぴらごぼう、ほうれんそうのお浸し、ビールを頼んだ。

ビールで喉を潤し、まずほうれんそうのお浸しを箸でつまもうとして、ん？　となった。硬い。葉がみっちりくっついて幹のように硬いのである。無理やり箸の先を割りこませて剥がし、口に運ぶと、ほうれんそうというより緑色の紙みたいに味気なかった。

ああ、と思った。絞りすぎなのである。かたちよく俵型にまとめようとするあまり、ぎゅうぎゅう絞りすぎ。工作じゃないのだから、と独りごとが出かかった。

おからも、きんぴらごぼうも残念なことになっていた。味が緊張しているというのか、不慣れがそのまま味に出ているというのか、本を見てその通りやってみました、と料理自身が打ち明けているのである。年季の入った小料理屋の女将と較べるつもりはないけれど、二十代の居酒屋店主の課題は山積みで、こころのなかで応援の小旗をふった。でも、カウンターを囲んだ満員の男性客はみなにこにこと盃を傾けているので、余計なお世話はいらないのかもしれないのだった。

帰りがけに思った。ふつうの洗濯物にしたって、早く乾かそうとしてやみくもに絞れば、とうぜん生地は傷む。思うさま絞っていいのは雑巾だけのようである。

切り口
緊張の一瞬

ものごとは切り口しだいである。なにを切るか、どう切るか。角度を狙い定めて一刀両断、スパッと切れば中身が面となって現れる。思いもかけない真実が露わになったりするから、目前で雲間が晴れることもある。

まな板のうえにもおなじような爽快感がある。包丁で切るなり、ついさっきまでとは似ても似つかぬ面が出現する。れんこんを切ると、穴だらけ。ピーマンを切ると、ぽっかり空洞。グレープフルーツとかはっさくを切ると、硬い球のなかに果汁がみっしり。まじまじと凝視すると、背中がぞくっとしてざわめく。

かたや、切ると納得させられるものもある。切ってはじめて安心する場合があるのです。その二大巨頭にロールケーキと巻き寿司を挙げたい。

どっちも見たところ、長い棒。愚直な円筒形だが、そこへ包丁を当て、現れた断面を見てみると……おお！　茶色の棒の内側にキュートな白い渦巻き、黒い棒の内側に満艦飾のにぎにぎしい色彩が微笑ましい。

ほっと安心させられる切り口は、ほかにもある。たとえば栗蒸し羊羹。切るまえは、これまたただの茶色い棒だから一抹の不安を覚えるのだが、断面に黄色い栗のありかを発見してはじめて、ほっと胸をなでおろす。いてくれてありがとう。それに引き替え、すでに断面そのもので勝負させられているものもある。ショートケーキとサンドウィッチ。ほんらいは見えないはずの中身を「ほうら」と露呈させられ、果敢に客引き。けなげである。

切り口は、断面が鋭ければ鋭いほど、内実を露わにする。見たくないものも見せられてしまうところが、容赦がない。

以前、飛騨地方の山奥で、樹齢百年ちかい檜の大木に鋸を当てる瞬間に居合わせたことがある。このときばかりは、ひとごとながら背筋が震えた。なにしろ伐採して横たえた威風堂々たる丸太は金額にして数千万円、金塊どうぜん。刃を当てる位置や角度をしくじれば大損害が出る。それどころか、いざ切ってみたら虫食いだらけかもしれず、価値は一気に大暴落するという。レーザー光線を照射しながら刃を入れる位置を丹念にさぐる男たちは、勝負師の気迫をまとっていた。いよいよ大鋸を入れ終え、どうと左右に分かれた断面からと檜の香りが立ちのぼる。みごとな柾目模様が現れた瞬間、勝負師たちの目に広がった安堵の色はいまも忘れられない。

切り口にぴりっとした気配がつきまとうのは、崖っぷちの緊張感が宿っているからなのだろう。だから、見たくない切り口もある。肉まん、餃子、いちご大福、興醒めして哀しくなるから冷静な切り口なんか見たくない。ぜんぶを見なくていい、知らなくていい場合だってあるのです。

ところで。もし自分が切られる立場になったとしたら。どうせなら切られたとも気づかせず、あとになって「あれ?」。そのくらい鮮やかにやってもらいたい。

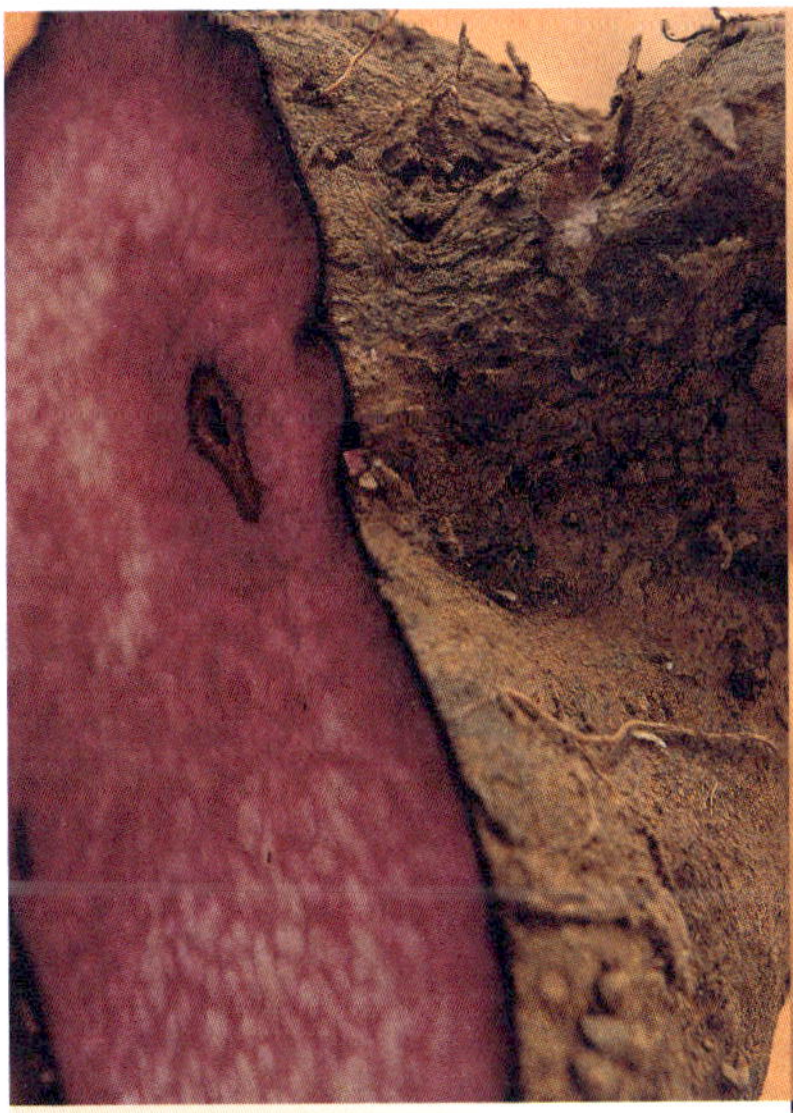

薄める

濃度を操縦する

いまは当然のように思っているけれど、「アイスティをつくるとき、紅茶を濃く淹れて氷に注ぐ」とはじめて知ったときは、衝撃を受けた。事態を先廻りする発想に「一本取られた」感があったのだ。

ほかにも似た衝撃がある。中学だったか高校だったか、ある夏、水筒に麦茶の氷を詰めてくる子が現れた。おどろいたことにそれは、麦茶を製氷皿に入れて冷凍庫で凍らせ、バラしたアイスキューブを水筒にぎっしり入れるというもの。昼ごろになって水筒を振ると、半分溶けた麦茶のなかで氷が動いて、じゃらじゃらと涼しげな音が響く。いまほど気密性の高い水筒ではなかったから、氷がじわじわ溶けてゆくのを逆手に取った知恵なのだった。

真昼の校庭で飲む冷えひえの麦茶は、ただそれだけでたいへんな贅沢だ。うらやましさに駆られてみんな家に帰って母親にせがみ、麦茶氷はあっというまにクラス中に広がっていった。兄弟姉妹をつうじて全校に伝播、翌年の夏にはすでに「常識」となっていたから、レジェンドがつくられるのを目の当たりにした。

だから、ドリンクバーのような店で冷たいものを注文すると、カップの縁すれすれまで氷をぎっしり入れてジュースなどざぶざぶ注がれると、「ああっ」と思う。「薄まってしまう〜」。内心狼狽するのだが、売り子のお姉さんに満面の笑顔で「ハイどうぞ！」と手渡されると、こんどは自分の狭量さが恥ずかしくなる。きっぱり「氷は少なめにしてください」と注文をつけているひとがいると、その態度を尊敬したくなる。

そこへもってきて、酒の場合は「薄める」ではなく「割る」という言葉に変わるから、ニュアンスはずいぶん高級になる。ただし、オーセンティックなバーで若輩者が「水割り」などと口にすると、蘊蓄好き、説教好きのお客から無言の矢が放たれる。

（いい酒を水割りかい。わかってねえなあ。せめてオン・ザ・ロックにしておけ。なんならハーフ・ロックという手もあるんだぜ）

氷を入れたグラスの上からウイスキーを注ぐのが、オン・ザ・ロック。おなじく氷を入れ、ウイスキーと水かソーダを一対一で入れるのがハーフ・ロック。氷は入れず、ウイスキーと水を一対一で割るトゥワイス・アップというのもあります。スタンダードなカクテルには、氷を入れた水に静かにウイスキーを注いでグラスを二層に彩るウイスキー・フロートというのもあるらしい。いずれにしても、氷や水を味方につけて自在に濃度を操り、酒のなかに隠れている甘みや芳しさを引きだそうという技術であって、「薄める」とは次元の違う行為なのだった。

そういうわけだから、ウイスキーでも焼酎でも、酒の席でうっかり「薄める」などと口走ると、「最終的に酒がわからない奴」と烙印を押されてしまうから、危険です。

ところで、フランスに旅をしたときなど、暑い日、赤ワインのグラスにぽっちゃんと大きな氷を落とし入れてうまそうに飲んでいるのを目撃すると、なあんだと安心してうれしくなる。酒は自分に引き寄せればいいのさ。気ままに薄めるのは、堂々たる生活の工夫である。

浸す

思うさまどっぷりと

「あと八十五円なんですけど」

コンビニのレジで千円札一枚を渡してぼうっと突っ立ってお釣りを待っていたら、バイトのお兄ちゃんが怪訝そうに顔をのぞきこんできた。はっと我に返って財布のなかの小銭をひっ掻き回しながら、赤面する。（自分の世界に浸っているとろくなことはない）とはいってもじつにちいさな話で、ついさっきサイズ違いのコピー数種類をただの一枚の失敗もなくやりおおせ、めったに味わえない達成感に酔っていた。ヤレバデキル。うれしくなってミネラルウォーターやらヨーグルトやら景気よくかごに放りこんだのだった。しかし、きげんよく満足感に浸っていると、根拠もないのに自信めいた気分が湧いてくるのもほんとう。

どうせなら、たっぷり。たとえば乾物をもどすとき、水が足りなかったり時間不足だったり、これには泣きたくなる。

大豆をもどす。石ころみたいに硬く身を閉じているのに、一夜明けると、びっくりするほど水を吸ってふくらむ。ところが、水の量をしくじると、朝がたボウルのなかで豆が干上がっている。豆に申しわけない。そもそも浸すのは、必要な水分を吸って眠りから覚めてもらい、つぎの階段へ進んでもらう下準備である。

わかめ。ひじき。干ししいたけ。干瓢。凍り豆腐。切り干しだいこん。あとで後悔したくないから、思うさまどっぷり浸かっていただく。車麩をもどすときなど、皿の一枚も被せたりする。乾物は、いったん完璧に水分を吸いきってのち、あらたな味を呼びこむのだから、スポンジのしくみとおなじである。

油断ならない相手がフレンチトーストだ。バゲットを厚切りにし、ゆっくり時間をかけて牛乳を混ぜた卵液に浸して含ませる。じゅうぶん卵液を吸いきったところでフライパンを火にかけ、バターを溶かし、両面こんがりきつね色に焼き、熱々を皿に移し、はちみつをとろーっとたらす。胸躍らせてしっとり艶やかに輝く卵色にナイフを入れると……。

あれ？

ナイフの先に、微妙な違和感が伝わってくる。ああまたやってしまった。断面に視線を落とすと、果たして中心に走っている、なまっ白いパン生地の白い層。意気消沈して萎える。ちゃんと浸っていなかったのだ。後悔してもはじまらず、むっとしたまま黙って食べる。

はんたいに、しゃきっと活を入れるために浸す場合もある。それが、野菜を冷たい水に浸すとき。たっぷりの冷水に放っていっとき浸けると、ぱりぱりしゃきしゃき。それだけのことでレタスにもハーブにも、がぜん精気がもどる。もちろんサラダの味は格別だ。

浸す。ただの地味な過程に思われがちだが、めっそうもない。浸したその向こうには洋々たる海が輝いている。つぎのあたらしい世界が「さあおいで」、両手をひろげて待ち受けているのである。

ふくらむ。

満ちる。

おおきくなる。

なにかを浸しているときは夢を景気よく呼びこんだり、希望を抱えこんで太っ腹になれる気がする。

赤い
日本人のハレの印

年始の話題の常連のひとつが、本まぐろの初競りのニュースである。二〇〇〇年の新年、本まぐろが一本約二千万円で競り落とされたと伝わって以来、今年はどんな高値がつくのか、世間の耳目を集めるようになった。話題になるのがわかっているから、こぞって高値をつけ合うのだろうか、二百キロの本まぐろに一億五千万の値段がついたと報じられて、ぽかんとした。もはやご祝儀相場の範疇ではなく、広告宣伝費を見越した金額に思えてしまう。

いっぽう、こっそり妄想する。

もし、まぐろが赤くなかったとしたら。

いやいや、まぐろは「赤い」からこそあの味なのだし、ひと言で「赤い」といっても、背側の赤身と腹側のトロではずいぶん色は違う。妄想だとわかっていても、やっぱり考えてしまう。仮にまぐろが赤い色をまとっていなかったら、年始にこれほどまぐろが注目されただろうか。今夜はまぐろの鮨をたらふく食べてみたいと執心しただろうか――。

ひとを根源的に揺さぶるのが、赤という色だ。揺さぶりかたにもいろいろあって、昂ぶらせたり、陽気にさせたり、元気や情熱を湧きたたせたり。たった一度だけ経験があるのですが、真紅の薔薇の大きな花束を贈られたことがある。自宅に届いた花束を両手に抱きかかえると、ずしりと重く、視界いっぱいの赤の色彩に動揺した。いきなり物語のヒロインになったような昂奮が全身を駆け巡ったのである（ただし、異性ではなかったけれど）。黄や薄紫の薔薇では、ああはいかない。祝祭感においては、赤に敵う色はほかにない。

そんな心情がたっぷりと反映されているのが、朱塗りのうつわである。縄文時代前期の遺跡からは朱塗りのうつわが出土しているし、『源氏物語絵巻』にも祝儀のとき王朝貴族たちが使っている図がみられる。江戸時代になると、庶民もハレの日に朱の塗りものを使うようになった赤は、邪を祓うと同時に、暗黙のうちに気分高揚の価値を共有させ合ってきたのである。

さらにもう一歩、漆の世界には、果敢に赤に踏み込んだものがある。根来塗だ。木地の下塗りに黒、上塗りに朱漆。使いこむうち、上塗りの朱が擦れてしだいに摩耗し、下塗りにほどこされた黒地がひっそりと姿を現わす。そもそも十二世紀に創建された紀州の根来寺に伝わった漆塗りの手法なのだが、意図や意匠とはほど遠く、偶発的な図柄はひとつとして似たものがない。最近ではマーク・ロスコの抽象画といっしょに鑑賞されたりもする。

赤があってこその黒、黒を得てこその赤。赤という色は、邪を祓いつつ、あらかじめ正も邪もすべてを包括する色なのかもしれない。してやられるのは、たとえば鯨ベーコンの赤。酢ダコの赤。わざわざどぎつく染められた真紅の縁が、これは特別です、ありがたがってくださいよ、と秋波を送ってくる。もちろん、まぐろの赤に、わたしたちは永遠にたじろぐだろう。縄文時代から赤に反応し続けてきた日本人の本領発揮である。

しずく
これも味のうち

量にすれば、ほんのひとしずく。しかし、ひと粒のしずくができるまでの時間は思いのほか長く、落ちるときの比重は、意外に重い。

小雨の降る日、ひまにまかせて庭先の樹木など眺めているとき、それがよくわかる。葉に降り注いだ雨が葉脈をつたって集まり、すこしずつ溜まって水滴を形づくる。しだいに丸々とふくらみ、ついに、ぽたり。いったん落下すれば目にも止まらない極小の珠だが、そこにはけっこうな蓄積がある。それだけではない。ぽたり、ぽたり、繰り返し落ちつづけた場所に視線を落とすと、えっ⁉ と目を疑うほどふかい穴が穿《うが》たれており、土に窪みができているから驚かされる。ひとしずくを軽んじてはいかんな、と思う。

鍋のふたの裏にできたひとしずくも、おなじである。わたしはつねづね一滴も逃さない構えだ。

「しずくも味のうち」

野菜を蒸し煮にするときに唱える言葉である。しつこいくらい自分に言い聞かせていないと、うっかり火が強くなってしまい、泣きをみる。コンロにかけた厚手の鍋の下をのぞきこみ、ぬかりなく火力を細くする。こうすると、にんじん、ごぼう、だいこんなどの根野菜組から小松菜やほうれんそうなどの葉ものまで、のんびりと風呂に浸かって汗をかき、ふたの裏に当たった水蒸気がしずくとなって鍋のなかに溜まる。鍋のなかは、湯煙が充満した温泉状態。水蒸気の熱でじわじわとうまみを増長させた野菜のおいしさは、じつに濃く、ふかく、甘い。しずくの功績大である。かねがね、レシピの素材のなかに「しずく　大量」と書きくわえてもらいたいと思っているのだが、どうだろうか。

煮ものにしても、しずくは調味料であり、素材でもある。そのままなら煮詰まり気味になるところを、閉じた鍋のふたから滴り落ちたしずくに救われること、しばしば。焼き餃子など、ふたの裏に溜まるしずくはふっくら火を通す調理道具にさえ思われる。

ところで、しずくのことをかんがえるとき、いつも思いだされる随筆がある。それが、正岡子規『墨汁一滴』。

死の前年の明治三十四年、重篤な病の床で子規は「墨汁一滴」と題して、長くて二十行、みじかくて一、二行の文章を書こうと思いたつ。雑誌や新聞で読んだ文章や詩歌のこと、ざわめく心境、過去の記憶、一月十六日から七月二日まで、わずか四日をのぞいて百六十四回、毎日の墨汁一滴として、批評精神するどく書き重ねた。食べものの記述も見つかる。ことのほか胸を衝かれるのは、ずらずらと書き連ねた諸国名物の味の羅列。そして、息詰まるこの一文。

「（前略）総ての楽、総ての自由は尽《ことごと》く余の身より奪ひ去られて僅かに残る一つの楽と一つの自由、即ち飲食の楽と執筆の自由なり。しかも今や局部の疼痛劇《はげ》しくして執筆の自由は殆ど奪はれ、腸胃漸《ようや》く衰弱して飲食の薬またその過半を奪はれぬ。アア何を楽に残る月日を送るべきか（後略）（三月十五日）」『墨汁一滴』（岩波文庫）

つづけて子規は、記す。ただの一日二十四時間でいいから「自由に身を動かしたらふく食を貪《むさぼ》らしめよ」。一滴、一滴、日々のしずくを繋ぐことによって、子規はみずからの生命を奮いたたせたのである。

ひと粒なら吹けば軽々と飛んでも、数珠のようにだいじに繋ぎ連ねてゆけばしずくは味の土台にもなり、ひいては生命の源ともなる。

おいしさのタネ

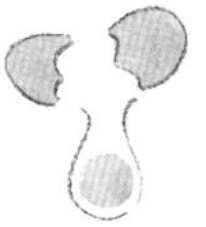

ちくわ、かまぼこ

じんわり粘り強い

カレーのなかにちくわを発見したときは、衝撃を受けた。スプーンのうえで黄色いルーにまみれた斜め切りのちくわは、意表を突くというより思考停止に陥らせ、かつ圧倒的な存在感をふりまいていた。

「ふつう入れるかなカレーにちくわ」

おずおず友だちに問うてみた。

「うん。肉のかわりに年に一、二度入れてみたくなる。意外にいけるのよこれが」

学生時代に思いついた倹約の産物だと説明するのを聞いて、ほっと安堵する。倹約とか節約とか、そっち方面の発想ならすんなり理解できる。そうでなければちくわとの関係が崩れてしまう気がした。

やっぱりちくわはこれまで通り、あくまで自分の手のうちにとどめておきたい。

ちくわは、屈託がないというか、遠慮がいらないというか、こせこせしていない。気心の知れた隣の家のおばちゃんみたいで、こちらをまるで緊張させないところが偉大だ。きゅうりを突っこまれても平気。それどころか、空間利用してもらって喜んでいる気配さえある。マヨネーズまみれになってもにこにこ笑顔のままでいるのだから、たいしたものである。

弁当のすきま。つまみの小皿。おかずのつけ足し。どこにでもするりと顔を出してなお、違和感を与えない。しかし存在感がないかといえば、ちがう。一本ぜんぶ囓ると思いのほか腹の足しになるし、うにうにぷりぷりの食感は正体がありそうでなさそうで、みょうな充足感を醸しだす。安いわりにすこぶる優秀。じつに使えるのです。

そこへもってくると、かまぼこには隙がない。ぺったり板にへばりついて密着しているからか、みちっときめが細かいからか、かまぼこには不思議な緊張感がある。蕎麦屋のつまみに出てくる板わさなど、潔くて、きりっとしていて、清々しくもある。紅白のかまぼことなると、もうそれだけでめでたく、おせちの重箱にまで進出しているのだから、ちくわとはランクが違うことになっている。おなじ練りもの部屋の出身なのだが。

鱧。スケトウダラ。エソ。グチ。トビウオ。ハゼ。鯛……練りものは白身魚をすり身にして、蒸したりゆでたり、かたちを調えて固めたもの。仕上げに焼いて焦げ目をつけたりもする。望遠鏡みたいな穴あきの細長い棒状に仕上げればちくわ。いっぽう、かまぼこは種類もかたちも呼びかたもいろいろ。揚げたかまぼこは、関東ではさつまあげ、関西ではてんぷら。土地によってはつけあげと呼んだりもする。笹の葉を模したものは笹かまぼこ。富士山や松竹梅、水引のおめでたいかたちに成形した紅白ものは細工かまぼこ。昆布といっしょにすり身を巻き、切り口を渦巻き模様にした変わりかまぼこ……日本各地にさまざまな顔がある。いずれにしても、四方を海に囲まれた島国の民が編みだした創意工夫がちくわであり、かまぼこなのだ。たくさん獲れた海の幸に火を通して日持ちさせるための知恵と工夫である。

練りものには、なんにでも合う柔軟さがある。その場その場を勝手に仕切らず、いかようにでも状況に合わせる柔軟さ。それでいて存在感をじわじわ発揮する粘り強さに感心する。その好例が揚げかまぼこだろう。中身はごぼう、にんじん、しょうが、しゅうまい、いか、枝豆、なんでも。ごぼ天などと呼ばれて親しまれ、ビールのつまみからおかず、おでんの種まで広くお座敷をこなしている。

それにつけても心に響くのが、ちくわのけなげさだ。ちくわの美徳は、みずから低いところに立って、惜しみなく安心を与えるところ。そもそも肝心の竹の棒があらかじめすっぽり骨抜きにされているところに、ちくわのそこはかとない魅力の秘密が隠されている。

すじ
肉の屋台骨

自分でつくれるようになったのが誇らしい料理のなかに、牛すじの煮込みがある。居酒屋でお通しに出てきたり、品書きの短冊のなかに並んだりしている小鉢もの。

とろりと煮こんだ独特の舌触りをはじめて味わったとき、それまで家庭では知り得なかったおいしさがうれしくて、おおいに湧きたった。ヨノナカにはこんな味があったのか。地味一辺倒の濃茶色がすてきで、おとなの世界を垣間見た気分になった。いまになって思うのだが、自分でつくれるはずがないと思いこみたかったのは、不用意に踏み込んではならない聖域だと直感していたからかもしれない。

牛すじ百グラム、百円ほど。とんでもなく安い。いまどき百グラム百円で買える牛肉などなかなかなく、すでにそれだけで特別感が沸く。いつも決まって一キロ分を求めるのだが、ずしっと持ち重りのする塊なのに、消費税込みで千円ちょっと。申しわけなさを禁じ得ない。最敬礼したくなるのは、牛すじを肉から引くところを自分の目で見て以来のことだ。いったい牛すじは何者なのか。なんとなく想像はできても、どこにどんなふうにして「在る」のか、いまひとつぴんとこない。そこで肉屋さんに頼みこんで見せてもらったのだが、いや驚いた。

すじは影の主役だった。肉を支える、もうひとつの屋台骨。すじが肉を支えなければ牛一頭立つこともできないわけで、聖なるところが無敵な感じである。

牛の生体から頭や足、内臓を除いたものは「枝肉」。そこから骨や余分な脂肪を除いたものは「部分肉」、さらにクズ肉やすじを除いたものが「精肉」。牛一頭約七百キロとして、「精肉」は三一〇キロくらいだというから、牛一頭の半分が食べられている計算になる。「部分肉」と「精肉」の狭間にあるもの、それが本題のすじ。

手練れの肉屋さんは包丁一本を巧みに操って肉とすじを切り離す。その手間と複雑さに驚くばかりだ。ひとくちに「すじ」と括るけれど、細いの、太いの、幅広いの、硬いの、柔らかいの、部位によって形も色もまったく異なるから、包丁の角度や進めかたも違う。肩の部分の塊をさばいてゆくと、頭に近い場所からは幅広の黄色いゴム状のすじが現れたから、びっくりだ。そうだったのか、この頑強なすじがあってこそ重い頭が支えられるんだな。漫才のゴムパッチンみたいに太いすじが切りだされたので、思わず「これも食べられるんですか」と訊くと、「いくら煮こんでも、さすがにここは無理だね」とのこと。

精肉にするために、すこしずつ選り分けられたすじを溜めてゆく過程を目の当たりにして、わたしは不明を恥じた。すじ、すじ、と簡単に呼んできたけれど、これほどまでに丁寧に包丁で削ぎだし、切りだしてゆくものだとは。さらには、すじをどれだけ除くか、どれだけ残すか、その見極めが肉の味わいを左右すると教わって、新たな世界が開けたような思いがした。逆にいえば、精肉のおいしさはすじの扱いの巧みさにあるとも言えるわけで、まっとうな肉屋さんの仕事の奥深さに頭が垂れるいっぽうなのだった。

すじの塊、いつもの一キロ。まず水で洗ってから熱湯で下ゆでする。ゆでこぼしたのち、ハサミを片手に掃除しながら、ひとつとしておなじものがないすじを眺め、しみじみとする。肉屋さんの仕事の生命線がここにある。牛の体躯の基本も、ここにある。感謝の気持ちでいっぱいになり、大鍋でとろとろとろりと火にかける二時間がめっぽううれしい。

炒り卵
食卓の太陽

「火事場の馬鹿力だわね」

そう言って感心すると、女ともだちはむっとした表情になってすかさず切り返してきた。

「ちがう。必要は発明の母」

いましもコロッケを揚げようとしていたところへ、小学生の息子が友だち三、四人連れて帰ってきた。あいにく出してやれそうなおやつが見つからず、母は急遽晩ごはんにつくりかけていたコロッケの増量作戦にでた。じゃがいもとひき肉のタネに残りごはんをどどっと入れ、ついでに冷蔵庫から探しだしたパセリも刻んで混ぜ、ボール型に丸めてあっというまにライスコロッケに仕立て上げたのである。臨機応変を地でゆく母もりっぱ、目を見張る助っ人ぶりの残りものもりっぱ。舞台裏の早変わりをつぶさに目撃して、わたしはすっかり感嘆した。

「火事場の馬鹿力」も「必要は発明の母」も、ひとを救う。それこそ人生経験のたまもの、窮地に追いこまれたときのみょうな頭の回転ぐあい、知恵の回りようには、だれでも自分自身に感動するときがあるだろう。ぶじに危機を脱し、胸をなでおろしながら、（すごいぞ自分）と密かに自信をつける。

わたしにとって、そのような一品が炒り卵である。困ったときは、黙ってそうっと炒り卵。なんとなく食卓がさみしい、冷蔵庫にめぼしいものがない、おかずが足りない、そういうとき卵に視線を向けると、「じゃあ、なんとかしてみます」。かならず応えてくれる。

卵焼きやオムレツでは、急場凌ぎの事情が目立ってしまう。ゆで卵はごろんとしてそっけないし、目玉焼きは朝食べた。そんななか、おだやかに事態を収めてくれるのが炒り卵である。

なんでもなくて、曖昧で、目立たない。迫ってこない。電柱の陰に身を潜めているような内気な性格で、教えられなければそこにいることもわからないときがある。おなかいっぱいになるわけでもない。それでも、綻《ほころ》びをつくろってもらった気になるから、つい頼る。かつて十数年つくりつづけたこどもの弁当も、苦しいときの神頼みは炒り卵だった。

ただし、こまやかな神経を遣う。火が強ければぽろぽろになって乾くし、弱ければでろんとだれて、湿気た座布団になる。ふわっと口当たりやわらかく、ひたすら優しく、おひさまがにこやかに微笑んでいる風情になれば上等だ。年季がいる。

そのために束ね箸という手がある。箸を数本ひとまとめにして握り、卵を注いだフライパンの表面をすばやく走らせて炒りつける。箸二本を奮って高速回転させるより、はるかに成果は確実である。要するに炒り卵の出来不出来は、火の塩梅と混ぜる箸の動きにかかっている。ああ見えて、炒り卵はずいぶん繊細なんだ。

引き出しの数は多いほうがいい。すがる相手がたくさんいるから。わたしなら、炒り卵のつぎの引き出しはほうれんそうである。お浸し、味噌汁の実、ソテー、変幻自在である。土壇場の急場凌ぎをもくろむ瞬間、冷蔵庫のなかに卵とほうれんそうを発見すると、天下無敵の気分だ。ゆがいてきゅっと絞ったほうれんそうに炒り卵を混ぜこむ。上等な和えものの顔をしているのを見ると、本日は快晴なりという気分になる。

揚げもの

パワースポットのオーラ

にんげんの三大欲といえば食欲、性欲、睡眠欲。じゃあ食欲のなかの三大王はなんだ？　あちこち聞き回ると「おれは鰻丼、鮨、餃子」「あたしは卵焼き、オムライス、卵かけごはん」……てんでんばらばら。じゃあ夏なら？　と食い下がると、ある男が叫んだ。

「ビール、カレー、揚げもの。夏はこれで決まりだな」

おお、揚げもの！　わたしはがぜん膝を乗りだした。

揚げものには猛々しい本能が潜んでいる。欲望むきだし。揚げてあればそれで満足という宿痾《しゅくあ》さえかんじる。自他ともに認める揚げもの好きのともだちがいるのだが、居酒屋にいっしょに行くと、彼女の第一声は決まってこれだ。

「揚げもの！」

揚げもの愛のふかさに胸を打たれる。

「唐揚げだろうがコロッケだろうがイカリングだろうがなんでもいいの、揚げてあれば」

揚げものはひとの理性を捨てさせる。なにしろ千両役者が勢揃い。とんかつ、天ぷら、コロッケ、春巻、かきフライ、海老フライ、揚げ餃子、そして忘れちゃいけないメンチカツ。

隣町の商店街に行列のできるS精肉店がある。この二十年ちかく、うだるような猛暑でも木枯らしが吹き荒れる厳寒でも、開店直後でも閉店間際でも、いつ通りかかっても行列を見ない日はない。しかも、行列はいったん途切れたと見えながら十字路をまたいでさらに連なり、二十人、三十人はざら。全員の目当ては揚げたてメンチカツ一個二百円だ。いちどに五個以上買うと四十円安くなって、一個百六十円。商売上手やなあと苦笑いしつつ、じゃとりあえず五個買っとくか、ということになる。にんげんだもの。

もう二十数年メンチカツは買っていないけれど、でも通りかかるたびに思う。S精肉店は、いまや神秘的なオーラに包まれている。わたしはひそかにここを「揚げもののパワースポット」と呼んでいます。匂いと熱気。このふたつが揚げもののオーラの根源だ。じっさい、店の前に立つとラードの芳しい香りがリビドーを猛然と刺激し、そこに熱が通った牛ミンチや玉ねぎの甘い香りが絡み合い、コロッケとは異次元のリアリティ。その辛抱たまらん匂いが店の周囲に渦巻いており、いやがうえにも「パワースポット」のありがたみを盛り上げている。

さらにそれを煽るのが、揚げ場から外に向かって発せられる熱気だ。ふつふつと釜いっぱいに滾《たぎ》る黄金色の揚げ油の熱。菜箸を握って真剣な視線を注ぐ、揚げもの職人の熱。おれのわたしのメンチカツを待ちわびるお客の熱。三者三様の熱が扇情的なオーラをまき散らす。さすがはパワースポット、ここに立てば匂いと熱気だけで白いごはんがかるく三杯食べられる。いよいよ揚げものを手にしたら、なりふり構わずその場で囓りついてみたいけれど、いがぐり坊主の野球部員ではないので、うちに着くまで忍の一字で我慢する。

1パック700円
2パック1200円
とんかつ
1枚350円
3枚750円

ソース、ケチャップ

うっすら緊張する

迷いのない手つきというのはいいですね。確信に満ちていて、思わずつられそうになる。

定食屋で相席になった電気屋のおじさん（ジャンパーの胸に××電気店と刺繍あり）の前に、天ぷら定食が運ばれてきた。揚げたてのにんじんと玉ねぎと紅しょうがのかき揚げ、えびの天ぷら、ピーマンの天ぷら。ぱちっと割り箸の音を響かせ、右手を伸ばしておじさんが迷わずつかんだのは、ウスターソースの瓶である。ふたの上に大きな字で「ソース」と書いたシールがわざわざ貼りつけてあるから、隣の醤油と間違えているわけではなさそうだ。瓶を傾け、夏の水撒きさながら、しゃばしゃばと景気よくかけ回す。

わたしは舌を巻いた。「おれは天ぷらにはウスターソース」。誰がなんと言おうと、この流儀でゆく。びしょ濡れの天ぷらは、おじさんの牙城である。

あとから自分でかけるテーブル調味料なのだから、どう使おうと他人が口を差し挟む問題ではない。適量も存在しない。コロッケ、メンチカツ、ハムカツ、あじフライ、多くても少なくても、好きなぶんだけ。カレーライスには断固ウスターソース、という方もおられよう。わたしは、とんかつは半分を塩と芥子で食べたりするくせに、付け合わせのせん切りキャベツにはソースをたっぷりかけたい。ソースの重みで嵩高が沈んだ光景を見ると、少し恥ずかしくなるのは、腰が据わっていない証拠だ。ただし、初動操作をまちがえて瓶を傾け過ぎ、コロッケをびしょびしょにしたときなど、食べる前にがっくり膝をついてしまいたくなる。

ケチャップもおなじである。頼んだオムライスが運ばれてくるといそいそスプーンを握るのだが、いつも一瞬ためらう。てっぺんにたっぷりのっかった赤いケチャップの帽子、これをどうしたものか。

大阪ミナミの洋食屋で、迷いのない手つきに釘づけになった。そのときも店内満員で相席だった。仕立てのよいスーツに身を包んだ向かいの初老の紳士は、オムライスに対峙するなりスプーンの背をケチャップに当て、卵の黄色い山ぜんたいにまんべんなく塗りつけはじめたのです。

手つきは確信に満ち、顔は真剣だが、口もとはわずかにほころんで歓喜が伝わってくる。山頂から裾野にいたるまでゆっくりと、ていねいな塗装がほどこされてゆく。そしてオムライスはねっとり濡れた赤い山となり、みごとな景観に生まれ変わったところで、おもむろに紳士はスプーンをぐさり。「ケチャップはあらかじめ均等に分配し直す」というおのれの味覚哲学が、ここでも揺るぎなく貫かれているのだった。

さすがにそこまでの勇気はないので、オムライスを食べるときはスプーンの先でケチャップの帽子をちびちび崩す。しかし、(これでいいのか?)と誰かに確認したくなる。注文を終えてすっかり委ねたつもりになっていたのに、最終的な責任を背負わされて動揺する。台無しにするのも、ぐっと味を引き上げるのもおまえ次第だと問われている気になって。

ウスターソースもケチャップも、手にする瞬間はうきっと心弾むのだが、うっすら緊張させられる。あれ、こんなはずじゃなかったとあわてるのだが、いつのまにか最終的な手綱を握らされるのはいかがなものだろうか。

PERRINS

種

神秘の結晶

すいかの種をぷっと飛ばせるおとなになりたかった。すぼめた唇のあいだから、ぷっ。破裂音を響かせて黒い粒が飛んでゆく。弧を描いて飛翔するのだが、どこへ消えたのか着地点さえわからず、それがいっそう秘技めいていた。

梅干しの種も秘密っぽかった。周囲はふっくらやわらかなのに、岩のように硬い種が内部に潜んでいる。たった一センチほどの小さな種なのに、梅干しぜんたいの質量と比較すればかなり大きい。しかも種のなかには「天神様」まで鎮座していらっしゃる。梅を愛した菅原道真公にちなんで仁をそう呼ぶわけだが、かつて太宰府天満宮には梅干しの種の納め所まであったというのだから、あだや種はおろそかにできない。はじめて「天神様」と聞いたときから、わたしは種のなかに高貴なお方が棲んでおられる妄想から逃れられなくなった。

種は神秘の結晶である。なにしろ、がっちり固く閉じた粒の内部にはＤＮＡの神秘が存在しているのだ。以前、知人の家にりっぱなアボカドの鉢植えが置いてあるので賞めると、「食べたあとの種から勝手に育った」。その繁殖力におののいたことがある。青々と艶やかな葉を繁らせたアボカドの木は、数年を経ておとなの背の高さにまで成長していた。身じろぎもせずじいっと沈黙しているように見えても、あきらかに種は生きている。

だからだろうか、ざくろやパッションフルーツを食べるとき、つい動揺する。果実を食べている気になっていても、じつは食べているのは種そのものなのだから。つまり、ほかの生命体をしこたま体内に納めているわけで、冷静にかんがえると腹痛がしてくる。夏休みにすいかを食べるとき、「種をちゃんと出さないと、おなかに木が生える」とさんざん脅かされたせいだ。

だから、種を除くと安心する。ピーマンや唐辛子の種は「取るもの」だからわかりやすくていい。ゴーヤーは、縦割りにしてスプーンでワタと種を一気に掻き取ると、かくべつの爽快感を味わう。難物はトマトだ。種を取ろうか取るまいか、そのつど微妙に迷う。種がみっしり詰まっているきゅうり、これは強引に実なのだと思うことにしている。

ただし、中国やベトナムあたりを旅すると、発想の転換を強いられる。ひまわりの種。かぼちゃの種。すいかの種……捨てるほかないと信じて疑わなかった種のあれこれを、みなさんテーブルのまんなかに置いてぽりぽり囓っている。ただ乾燥させたのではなく、からっと揚げて塩をまぶし、ひと手間かかっている種には、二次利用につきまとうしょぼくれた哀しさはなく、安くて、惜しげがなくて、手軽で、おなかがいっぱいにならない（お茶の時間にはこれ重要です）。お茶請けとして堂々と胸を張っている様子が誇らしい。さらには、ことに中国や台湾では梅をそのまま乾燥させた菓子「話梅《ワーメイ》」もある。口に入れたとたん唾液が噴出する甘酸っぱさなのだが、うれしいのは座持ちがいいところ。口のなかでころころ転がしながらおしゃべりにうつつを抜かしていると、いくらでも味が湧き出てきて時間を忘れる。

ところで、種はとつぜん逆襲してくることがある。「ピーマンの種を炒めてこってり味噌味に仕上げるといい酒の肴になる」と教えてくれたともだちがいるのだが、その瞬間からピーマンの種は捨てなくてもいいものになってしまった。知らなきゃよかった、とも思う。

パンの耳
ひそかな宝物

耳は、いつだってうれしい。こっそり囁かれてもうれしいし、しずかに胸に耳を当てて鼓動を聴かれてもうれしい（医者以外）。とりわけにんまりさせられるのは、パンの耳である。

パンの耳。ぜんぜん進化していないところが、また好きだ。こどものころからずっと呼びつけているが、新味がくわわる気配もなく、いつまでたってもパンの耳。変わりようのないところに安心感がある。

なにがすてきかといって、遠慮がちなところ。なんとなく居心地悪そうにさえ映るところが、ぐっとくる。パンの耳に逢えるのは、たいてい個人商店のパン屋だ。早朝に焼いた角食パンを店の棚に置いて商うちいさな店。そういう店で買うと、はじっこに四角い茶色の一片がついていることがある。二斤なら、両側に一片ずつ。耳がちゃんとついているだけでまっとうなパンを買った気になり、うれしくなるのだ。

こどものころ、母がいつも買ってくる角食パンには、ちゃんと耳がついていた。一週間に二度ほど近所のパン屋に通って一斤の八枚切りを買うのが母の習慣だったが、最初の日、わたしの目当ては一枚だけついているパンの耳だった。はじっこの茶色い耳を確認すると、しめしめと舌なめずりをしたが、家族の誰にもパンの耳が好きだと明かしたことはない。

いまでも、はっきり思い出すことができる。朝食のとき、わたしはできる限りさりげなく耳を取り出し、トースターに入れた。（これが食べたい）という積極的な態度に持ちこむと、パンの耳が好きなことがわかってしまう。こどもにだって防衛策はある。だって、好物を知られてしまうと、トンビに油揚げをさらわれる危険があるから。つねに姉の動向に敏感な妹は、最大の要注意人物である。それまでパンの耳なんか見向きもしなかったくせに、急に「あたしも欲しい」と駄々をこねるのは目に見えていたし、母はお決まりの小言「お姉ちゃんなんだから譲ってあげなさい」を口にするだろう。油断はできない。

パンの耳は、だから「収穫物」なのだった。おいしさに価値があるのも当然である。

トースターで焼くと、パンの耳は内側にくるんと丸まる。周囲のふちは焦げ気味。その香ばしさが、またいい。バターを塗ると、カリカリに乾いた表面の音が響いて、気分も盛り上がる。半分に折ってぺたんこにした耳サンドに噛りつくと、ビスケットみたいにきゅっと締まった生地が芳しい。いまなら「クリスピー」という言葉をあてがいたい。パンの耳には、ピーナッツバターもぴったりだった。さらに上級編は、パンの耳のハムサンド。バターを塗り、マヨネーズを重ねて塗り、ハムと薄切りのきゅうりを置いてぱたんと折って閉じる。ひとくち噛むと、香ばしい生地のあいだから顔をのぞかせるハムのピンクときゅうりの緑がまぶしい。中学生のころ、わたしのないしょのおやつは、パンの耳のハムサンドだった。

そんな知恵がつく以前も、わたしはパンの耳の恩恵に与《あずか》っていた。幼稚園のころ、さかんに母にねだってつくってもらったおやつは揚げたパンの耳の砂糖まぶし。いまでも、バットのうえに広がった幸福な光景をまざまざと思い出す。カリッと揚げたパンの耳に砂糖の雨を降らせると、まっ白なひとつぶひとつぶが耳の上で夢のように煌《きら》めいていた。

干しぶどう
今日はぶどうパン

ぶどうパンがすきである。べつに恥ずかしいことでもないのに、ぶどうパンに手を伸ばすときかならず、「いい年をして」と思ってしまう。ものすごくわかりやすい食べものだからかもしれない。干しぶどうには謎がない。「いい年をして」と思うのもそこで、生地のなかに干しぶどうが点在している様子ににっこり。まんまと術中に嵌《はま》っている。

しかし、そんな理屈をつけず素直に食べるぶどうパンは、ほんとうにおいしい。歯にぷちっと干しぶどうが当たったときの悦び、あれは炭鉱夫が鉱脈を探し当てたときの高揚にも似ているのではないか。

さらには、干しぶどうはけっして期待を裏切らない。噛むと、むちっと弾力のある抵抗感。そこをぎゅうと押し潰すと、かくじつに期待通りの濃密なうまみを放出してくる。この単純なわかりやすさがすきだ。干しぶどうがひとを素直にさせるのかもしれない。ちいさなひとつぶに充満している、直情径行の単純さ。からりと明るい安心感がいい。

でも、いっぱしに画竜点睛。それどころか、ひとくちのなかに画竜点睛がいくつも発見できるというサービスのよさ。その代表格がぶどうパンであり、フルーツサラダだったりレーズンバターだったりにんじんのサラダだったりするのだが、あくまでひとつぶずつ独立しているところに画竜点睛感がある。

(干しぶどう確保!)

うれしさに沸きたつ。むかし、給食の時間にぶどうパンが配られると、先に干しぶどうだけほじくって食べ尽くして先生に怒られていた男子がいたけれど、その気持ちは痛いほどよくわかった。

ところで、干しぶどうのヨロコビをいや増す秘策がわたしにはある。数年もののラム酒漬けである。

とはいえ、なんの手間もいらない無精なしろもので、保存瓶に干しぶどうをごそっと入れてラム酒をどっぷり注ぎ、そこにシナモンやクローブ、スターアニスを放りこんであとは、待つだけ。

いったん乾燥したものが、ふたたび息を吹き返すさまは圧巻だ。水分の抜けたところへラム酒の風味が沁み渡り、数ヶ月経つうち、ぷくーっとふくれる。不死鳥のごとく蘇る姿には、いったん乾燥をくぐり抜けた力を見せつけられる思いがする。アイスクリームやカステラにのせたり、泡立てたクリームに入れたり、そこに干しぶどうがくわわるだけでなんとはなし格好がつき、「いいもの」になってくれる。

時間の贈り物なのだ。乾燥させた時間、漬けこんだ時間、微小な球体の内部に積み重なった蓄積がここぞとばかりに開花する。しかも惜しげなく存分に。

乾燥した果実は、つくづく贅沢な味がする。水分が失われたぶん、果実の奥まったところに潜んでいたものが露わになる。苦みやえぐみも温存させた野蛮な濃縮感にうっとりする。

だから、ほんの数つぶで満足するのだ。あんなちいさいのに、みっしりとした満足感を伝えてよこす。でも、ぶどうパンに手を伸ばすときは、やっぱりこそこそ「いい年をして」。給食のときみたいに生のまま食べるのもすきだが、思い定めて、今日はぶどうパン。カリッときつね色に焼き、バターをたっぷり塗る。とろっと熱い干しぶどうは、たじろぐほどの過剰な甘さで、毎度「うわあ」とびっくりする。

かたまり

解放のかたち

軽いパンにしろ重い肉にしろ、かたまりには物量感がともなう。それなりの風圧もある。

たとえば食パン。四枚切り、六枚切り、八枚切り、あらかじめスライスしてあるなら、さして新しい展開はない。ところが、半斤でも一斤でも、かたまりのままの場合、展開は無限大。パン切りナイフ一本で、極薄からレンガ幅まで裁量ひとつであらたな展開に持ちこむことが叶う。今朝は分厚いバタートースト、明日は薄切り二枚ひと組にしてツナサンド、なんならアフタヌーンティのセレモニーに極薄キューカンバーサンドウィッチ。かたまりだというだけで、いくらでも自分の流れがつくれる。

たとえば、まるごと一個のパイナップル。触るとチクチクする緑の葉っぱつきのやつが、穴あきメガネの輪切り、コロコロ、棒状……行く手が遮られていないところがすっきりしていて、風通しがいい。全方位方向こそ、かたまりを相手にする甲斐である。

園山俊二の漫画『はじめ人間ギャートルズ』を思いだす。

原始の時代に生きるクロマニョン人の少年、ゴンのとうちゃんは腕っぷしがつよくて、マンモスを仕留めるときもあるけれど、イノシシに負けるときもある。色っぽいヒョウ皮のワンピースを着たボインのかあちゃんは、赤んぼうを何人も背負って、しきりにとうちゃんにハッパをかける。恋女房に尻を叩かれて、とうちゃんは今日も石斧かついで勇躍ギャートルズ平原に出かけてゆくのです。

マンモス肉のかたまりは、骨つきのときもあれば、輪切りのときもある。みごと獲物を仕留めて誇らしげなとうちゃん、満足そうなかあちゃん、そして大家族みんな夢中で肉に囓りつく。腹がくちくなってうとうとしながら、幸福の絶頂。思い煩うことなどなにもない、おおらかすぎて、いっそ無常感さえ漂わせる原始の日常がそこにある。

なりふりかまわず、むしゃむしゃと喰らう肉のかたまりは、所有のしるしであると同時に、圧倒的な解放のシンボルでもある。だからこそ、漫画のなかのマンモス肉に本気であこがれ、食べてみたいと妄想をたくましくする。数年前、どこかの食品会社が「ギャートルズ肉」と称して骨つき肉のかたまりを売り出したことがあるけれど、その気持ちわかるわかると溜飲を下げたものだ。かたまりは、いったん手に入れたらこっちのもの。逃がすもんかと喰らいつきながら、ギャートルズ平原であっけらかんと生きるとうちゃんやかあちゃんとどこかで繫がって、爽快になる。

けっきょく安くつくというおまけもついてくるかたまりは、自由と解放のかたち。肉でもハムでもパイナップルでも、どっかんと持ち重りのする実在感のなかに原初の風が吹いている。

¥2840

一升瓶

汲めども尽きぬ泉

料理屋で酒を頼むと、とりどりの盃を入れた籠とか盆が運ばれてくることがある。好みのものをひとつ選べということなのだが、迷いなく手を伸ばしたいものがあるとは限らず、選ぶとなればいささかの妥協が生じてしまう。

そこで、ひそかに自分なりの基準をもうけてみた。

「二番めにでかいやつ」

酒飲みの意地汚さといわれればそれまでなのだが、二番め、というところにささやかな恥じらいを込めたつもりである。

でかい盃は面倒がなくていい。盃に主導権を取られずにすむところがありがたいのだ。ちゅっとすこし啜りたいときもあれば、喉の奥にすーっと招き入れたいときもある。あらかじめ容量のある盃なら飲む量を自在に塩梅できるが、ちっちゃな盃でちびりとなると、盃に仕切られている気分になってしまう。

「あ、大きいの探してますね？」

隣から茶々を入れてもらえると、ほっとする。

「はい。大きいほうが手間がかからなくて、落ち着いて飲める気がして」

にやりと笑って放任してくれる相手とは不思議に気が合う。

一升瓶もおなじところがある。ごぼごぼ、ごぶごぶ、気がねなくコップか茶碗に注ぐ酒はいかにも剛毅。似合うのはタオルの鉢巻き、パッチ、腹巻き、胡座《あぐら》。夕陽のガンマンには拳銃一丁、男おいどんには一升瓶一本。かたや徳利には、差しつ差されつ、こまやかな間合いが生まれるところが愉しいわけだが、そういう微妙な間合いを薙《な》ぎ倒すのが一升瓶の構わなさだ。

一升瓶は、口開け、中ほど、おしまいごろ、いずれも中身はおなじ酒なのに、まろみがずいぶん違う。一升瓶は、ある意味で酒を育てる道具でもあるのだ。おなじ酒の四合瓶を生真面目に二本買い揃えるより、どかんと一升瓶を買って味わいのおおらかな変化をおもしろがってみたくなる。

酒飲みごころを最高にくすぐるのは、ずばり頼り甲斐である。わたしの知り合いに、夕方友だちの家に上がりこんで翌日の昼過ぎまで差し向かいできっちり二升空け、近所の銭湯でひとっ風呂浴びたのち、また夕方から連れだって飲みにでかけた猛者がいる。午前中になって酒が足りないんじゃないかと危惧した相手の妻が酒屋の開店時間を待って一升瓶を買い足してきたというのだから、妻の糟糠ぶりにも頭が下がる。

こんな豪胆な飲みかたができるのも、そばに一升瓶がいてくれるからこそ。汲めども尽きぬ泉を抱かせてくれる。すばらしい。

一升瓶を抱いて寝たい酒飲みのみなさんに、あえて苦言を呈したい。一升瓶の首を握って酒をごぼごぼ注ぐでしょう、こぼさぬよう茶碗をそろりと持ち上げるでしょう、そのときあなたは口で出迎えている。かわいいけれど、尊厳ぎりぎり。気が急くとか、一滴でもこぼすのが申しわけないとか、そんな理屈は痛いほどわかるが、あれは赤子が乳首を口で探すのとおなじ、本能まるだしの行状である。せめて最初だけは、理性のかけらを残しているふりをしましょうね。あとのことは、一升瓶が黙ってぜんぶ面倒を見てくれるから。

お宝

ちょっとやっかい

はじめてお宝の味をしめたのはサクマの缶ドロップスだった。サンタクロースの紙の靴のなかに入っていた缶ドロップスは、手放すのがこわくて、いつも握っていた幼稚園の赤いバスケットにだいじにしまった。夜中、眠っているうちに泥棒に持っていかれないように。

缶を振ると、まるい穴からドロップスがひとつぶ転がり出る。緑の。赤いの。オレンジの。茶色いの。きらきら光って、絵本だけで知っている宝石みたいだった。ただし、白いのが飛び出ると苦手なハッカ味にがっかりし、誰も見ていないのにこっそり缶のなかに戻して、もう一度振ったりした。転がり出たひとつぶをだいじに口に入れ、惜しみながら舐めるあいだはいつでもうっとりした。缶を振るとからころと鳴り響く音、あれはお宝を手中にした優越感だったと、いまになって気づく。

おとなになると余計な知恵が働いて、お宝をもっと太らせようという欲が出るからいけない。

食べるには惜しいとか、せっかくなら育てようとか、よせばいいのに貧乏根性に引きずられてしまうのだ。ことに、鬼門は到来物。くだものとか野菜とか生魚とか、手もとに届いたときがいちばんおいしい生ものは追われるようにして味わうのだが、発酵したもの、もっと熟成できるものが危険である。

能登でいただいたいわしのへしこを、お宝のように拝んで久しい。いただいたとき耳もとでひそひそと囁かれた言葉に呪縛されているのだ。

「これ、五年物です。いや六年は経っているかな。わが家の家宝同然なんですが、すこしおわけしますね」

意味ありげに渡された紙包みを押し戴きながら、わたしはお宝をもっと太らせようと誓った。以来、冷蔵庫のすみに寝かせること五年。つまり、堂々十年以上の年代物に育ったわけだが、あまりにもお宝すぎて包みを開ける勇気が出ない。こういうのを本末転倒という。イタリアから持ち帰った手づくりのトマトペースト、超極上という触れ込みの年代物の凍頂烏龍茶、ともだち手製の金柑ジャム……手をつけたくてつけられないお宝が、戸棚のなかにひっそりとしている。

ところで、そんなわたしにも、堂々と自慢できる天下御免のお宝がある。

ホームメイドのシリアル。

いや、ホームメイドといっても気に入りのシリアルを買ってきて、そこへばらばらに買い集めたオーガニックのドライフルーツや木の実を混ぜただけのもの。とはいえ、これがけっこうな贅沢品なのです。そのときどき、中身はてんでんばらばらなのだが、今日は、ひと箱の容器のなかにこんなものが入っている。

オート麦。ライ麦。大麦。コーンフレーク。ヘーゼルナッツ。くるみ。松の実。アーモンド。レーズン。クランベリー。かぼちゃの種。くこの実。ひまわりの種。ココナッツフレークなど。

買い集めた袋を開けるときから、お宝感は高まるいっぽうだ。レーズンは固まりのまま入らないようほぐしながら、容器に入れる。惜しげなくどんどん交互に入れる。容器の上のほうまで満ちたら、左右に傾けたり軽く振ったりして全体をまんべんなく混ぜるのだが、ずしっとくる持ち重りがまたうれしい。

ヨーグルトをたっぷりかけて食べると、幸福度はいや増す。口中きら星のごとくいろんな味が弾けて贅沢極まりなく、お宝の二文字がおのずと浮上する。なのに、惜しげがないところがすばらしい。とりあえず中身は乾物だから、へんに「育てよう」などという気を起こさせないところもありがたい。

みかん

神々しくて、うぶ

ごほうびにいいものをあげよう。にっこり手招きされ、うきうきしながら近所のおじいさんのあとをついていった。あのころは持ち回りで町内会が落ち葉を掃除する習慣があって、冬になるとひんぱんに回覧板がまわってきた。学校帰りにわたしはランドセルをしょったまま、時間つぶしに竹箒を握って、気まぐれに落ち葉集めの手伝いをしたのである。

「ご苦労さんでした。ハイ」

おじいさんはそばの自分の家に入ってからすぐ戻ってき、満面の笑顔でまるいものを手にのせてくれた。それは一個のみかんだった。

(なあんだ、みかんか)

わざわざごほうびと言うからお菓子だと踏んでいたのに、ただのみかん。その瞬間のがっくり落胆した気持ち。まだなにか出てくるんじゃないかと待ってみたが、おじいさんは玄関先でにこにこしているだけで、どうやらこれでおしまいらしい。

「ありがとう」

消え入るような声で言って背を向け、ランドセルをしょい直して落ち葉の片づいた道を歩きはじめた。すると、こんどは収まりのわるさがふくらんできた。せっかく優しくしてくれたのに（なあんだ、みかんか）と落胆した自分があさましく思われてきた。みかんもいっしょに踏みつけにしてしまった、と良心の呵責に苛まれた。手のなかのみかんがやたら重量を増し、早く手放してしまいたい。そうして家に帰るなり、居間のこたつの上のみかんの盛り鉢にその一個をこっそり紛れこませた。

みかんは、いたいけな赤子みたいだ。艶やかな皮に指をぶすりと差し入れると、あっけなく破れるところからして、そんなに素直で大丈夫か。心配になってしまう。なかから生まれたてが現れれば、和毛《にこげ》を引っぺがし、そのあとつるつる。もっといたたまれない。

芥川龍之介の短編に『蜜柑』と題された印象ぶかい一編がある。二等列車にぐうぜん乗り合わせた「田舎者らしい娘」が、黒い煙をあげて走る列車の硝子窓をこじ開け、半身を乗りだして「暖な日の色に染まっている蜜柑」をばらばらと放り投げる一瞬の情景。そこにいたるまで終始注がれる「私」の視線、こまやかな心理の動きとあいまって、あざやかな読後感を残す。

風体の冴えないその娘の手は霜焼けだと描写され、巧みに蜜柑のみずみずしさと対比されている。

しかし、蜜柑もまたうぶで穢れのない存在なのだ。だからこそ、この三十枚足らずの短編がいっそう忘れがたい余韻をもたらす。

　はじめて外気に触れた生まれたてのまんまる。さらに小房に分けると、半透明な薄皮に包みこまれたやわらかな果肉が息をひそめている。外皮、小房、薄皮。みかんは幾重にもだいじに守られた赤子なのだ。

　わたしは、こどものころ家族旅行で訪ねた鳥取砂丘の旅が忘れられないでいるのだが、それはみかんが連れてきてくれる記憶でもある。山陰本線を列車に乗って走り、とある駅で停車すると、はじめて目にする駅弁売りのおじさんのすがたがホームにあった。ボックス席の向かいに座っている父に「窓、開けて、開けて」。ガラス窓を上に引き上げてもらうと、近づいてきてくれたおじさんは赤いネット入りの冷凍みかんも携えていた。

　せがんで買ってもらった冷凍みかんは、わたしを虜にした。最初はとりつくしまのないがちがちだが、うっすら張った霜が溶けると、しゃりっと爽快なみぞれに変わる。待ちきれず小房ごと噛んだら冷たくて歯茎が縮んだが、わたしが覚えたのは不思議な親密感だった。指でつまんだしゃりっと硬い小房がいたいけない。

「暖な日の色に染まっている蜜柑」は、誰かに触れてもらうのを待っている。

そこにあるもの

ストロー
いつも悩ましい

ひも状のものが剥けたりするでせうバナナのあれも食べている祖母　廣西昌也

バナナを剥くたび、この短歌が浮かぶ。そして、てれんと繋がっている「ひも状のもの」をまじまじと眺める。

意味のよくわからないもの。いつまでも違和感が消えないもの。でも、かならずそこにあるもの。世の中には、バナナのひも以外にもそういうものがいろいろある。たとえばストロー。

喫茶店でアイスコーヒーを注文すると、必ずストローがついてくる。そのたびに長年思うのだが、ストローの本当の役目はなんなのだろう。お行儀のよい作法には、やっぱり必要なのだろうか。かんがえてみてもよくわからない。

できればストローは使いたくない。ぺこぺこの細い穴あき棒の先端をくわえて、公衆の面前で大のおとなが吸いつくわけでしょう。

ちゅううー。

意外に集中力がいる。うっかりすると唇が突き出て、ほっぺたがへこみがちになって、目まで寄ってしまう。だからできるだけストローは使いたくないのだが、ホテルのラウンジとか気取ったコーヒーショップで目の前にストローが置かれたりすると、のろのろと手を伸ばしてしまう。グラスを握って口をつけてごくごくやる野蛮な奴と思われたくないという腰の退けようである。

でも、それなりの働きがある。たとえば氷が浮かんでいる場合。グラスに口をつけて飲むと氷片がじゃま。傾け過ぎれば、口の端から氷がごろんとこぼれる。ストローは災難や粗相から身を護るための安全対策でもあるのだ。

もともとストローは、葦や麦など芯が空洞になっている植物が使われたようである。古代メソポタミアの図にストローを使って飲みものを飲んでいる描写がある。たとえば液体の表面にごみや不純物が浮いているとき、葦をくわえてふーっと吹く。すると表面に円が広がって、よけいなものが押しのけられるから、そこへストローを差し入れて吸う……いったい誰が思いついた知恵だったのだろう、すばらしい。

ときどきストローも役立つと思うときがある。それがレモンスカッシュとクリームソーダ。

レモンスカッシュは、さくらんぼと氷をよけて飲むときに助かる。それに、ストローの細い先端からぴちぱち弾ける炭酸の勢いが口中にきゅーっと侵入してくるときの過激な爽快感も好きだ。クリームソーダは、グラスに口をつけるとアイスクリームがでろんと鼻にくっついてしまいます。アイスクリームと氷の層をストローでかいくぐり、緑のソーダ水を逃さないようにしてだいじに吸うとき、これぞクリームソーダの醍醐味だなあと内心うれしくなる。ストローとのつき合いはなかなか悩ましい。

ひも
生活の友

今日は古紙回収日である。

(きょうもアレが見られる)

ちょっとうれしい。最近になって、さらに芸術度がパワーアップしている感さえある。

数ブロック離れた通り沿いの家の玄関前。定例の古紙回収日がやってくると、新聞や雑誌の束が出されるわけだが、あるとき通りがかって「おおっ」となった。

なんとうつくしい光景だろう。まるでアート作品みたいだ。新聞を重ねた八つのカドがぴっちり合わさり、すべての辺がぴしーっと重なって面となり、全体が一個の直方体となっている。みっちりと比重感のある完璧なかたち。かつての一部一部は、こうして直方体になるための過程でしかなかったと思えるほどだ。毎月の古紙回収日、このすばらしい光景を見るたびにため息がでる。

しげしげと眺めながら、思った。

「このアート作品を生み出しているのは、ひもなのだ」

新聞紙の束、雑誌の束、それぞれきっちり十字に掛け渡されたビニールの白いひもには、いっさいの緩みがない。九十度に曲がる一点には微妙な食いこみはあるものの、決して乱暴ではない。中央の結び目は忠実な衛兵のようだ。

結んでいるのはおじさんだろうか、おばさんだろうか。これほど美的な直方体に仕上げる技の持ち主に会ってみたい気持ちに駆られ、何度もしげしげと表札の墨の字を眺めてきた。

結ぶからには解けてはならないのが、ひもの使命である。菓子折、寿司折、きゅっと掛かったひもが、箱の佇まいにほどよい緊張感を添える。ほろ酔い気分のおとうさんが寿司折をぶら提げるとき、要所要所がちゃんと締まっていなければ、帰り着いたときぐずぐずに崩れて面目は丸つぶれ。

ひもを結ぶとき肝心なのは、呼吸のできるきつさだ。緩いのとは違う。中身に添いながら締めるというか、締めながら一体になるというか。そのあたりのところに、ひもの結びかたの要諦がある。

自分で自分を締めてみて、はじめてそのことがわかった。着物を着るうえでもっともだいじなのは、じつはひもの扱いだったのである。腰ひも。胸ひも。帯ひも。伊達締めや帯揚げも一種の太いひも。着物は、何本も使いながら着てゆく。腰ひも一本緩めば、着物の裾が崩れるし、着崩れるのが怖くてぎゅうぎゅう締め上げれば、苦しい。身をもって体験してきたのち、そうか、ひも自体が呼吸できるくらいに締めればいいんだなと気づいたら、少し着物が身近になってきたのだった。

　チャーシューをつくるときもおなじだろう。あれだって、ただ締めればいいのではない。たこ糸にほどほどの力をくわえて巻きつつ、だましだまし円柱にもってゆく。ひもで肉のかたまりを導くのだ。上手に巻けば繊維が詰まらず、口当たりのよい仕上がりになる。生かさず、殺さずというところでしょうか。そういえば、松本清張の作品のひとつに『紐』がある。ひもは生活の友でありながら、使えば使うほど底知れないところがある。チャーシューから着物まで、人間界の裏表を知り尽くしていそうだ。

ペットボトル
マラカスにもなる

十一月十九日だった。ボジョレー・ヌーボーの会に招かれて出向くと、テーブルの上に新着ワインがずらり、ピンからキリまで林立している。そのうちの一本を何気なく持ち上げて、ぎょっとした。まさか。試しにこっそり指で押してみると、乾いたちいさな音が、ぱこっ。それはペットボトルなのだった。

紙パック入りのワインは珍しくもないし、ヨーロッパでは安価なペットボトル入りが出回っているとは知っていても、指先は反射的にペットボトルとワインとの関係を却下したのだった。

でも、そのうち慣れていってしまうのだろう。八十年代の始めごろだったか、はじめて目にしたとき衝撃が走った醤油のペットボトルも、すっかり当たり前の光景だ。ガラスなら再利用できるのに、と違和感をおぼえたけれど、でもけっきょく馴れちゃった。いまではペットボトルの大躍進に目を瞠る毎日だ。コンビニに行くといろんなペットボトルが棚にぎっしり並んでいる。筒型、角型、ひょうたん型。豪華ダイヤモンドカット肩もあれば、なで肩、いかり肩。その気になって見比べると、おなじ容量なのに、デザイン、持ちやすさ、丈夫さ、ペットボトル界は群雄割拠である。二ℓのボトルの二面に「指スポット」の窪みがあると知れば「へえ」と驚き、溝がつけてあるのは力を吸収する「バネ構造」などと聞くと「ほお」と感心する。一本のペットボトルには涙と汗の物語がある。

野球場で、ペットボトルがメガホンに変身しているのを目撃したときは、ただただ感心した。すごい着想だ。ここまで生かしきってもらえればペットボトルも本望だろう。保育園では、小豆を入れてマラカスになっていた。散歩していると、家の軒先に草花が植わっている。よく見ると、その草花の下は半分に切った二ℓサイズのペットボトルだ。土を詰めて穴を開ければ鉢にも使えるのである。

隠れた機能が満載なのに、あくまで軽いのも大きなポイントだ。早朝にソウルの南山公園を歩いていると、五百mℓのペットボトルを両手に一本ずつ握ってジョギングしているひとと何人もすれ違ったことがある。目一杯水を詰めれば鉄アレイ。キャップを捻ると、途中で水分補給もできる。間然するところがない。

まだあります。まるごと凍結して保冷剤に化ける。ともだちが「おいしいさつまあげを見つけた」と送ってくれた荷物を受け取ると、びっくりするほど重い。不審に思ってガムテープをべりべり剥がすと、さつまあげ二袋を包囲しているのは氷が半分溶けかかったペットボトル六本。なるほど重いわけだ。さつまあげはちゃんと冷えたままでした。

こんな使い勝手のよさもある。

「酒をペットボトルに入れて携帯する」

とある会合で、某作家（特に名を秘す）が五百㎖のペットボトルに日本酒を仕込んでバッグに潜ませてくる。仕出し弁当を食べながら、ちびちび。隣に座ると、紙コップに注ぎ分けて恵んでくださる。ぱっと見は、ただの水なのだが、うれしいお相伴。ペットボトルはマラカスから徳利まで。

手付き
あるとなしでは大違い

ウエノさんが、にやりと笑って言った。

「手付きに『お』が一字つくだけで、かなり厄介なコトになりますね」

わたしも、にやりと笑った。ぜったい言うと思った。人間かんがえることはおなじなのだった。

「お」がつけば乱暴狼藉だが、器に「手」がつくだけで状況はまったく違ってくる。

手付きの「手」は取っ手のこと。ハンドルともいう。取っ手がつくとカップはマグカップになり、タンブラーはジャグになる。取っ手ひとつくっつくだけで、呼び方も雰囲気も用途もまったく違ってくるのだから、たかだか取っ手じゃないかと軽んじるわけにはいかない。

以前に陶芸家が取っ手の部分をつくるところを見る機会があったのだが、いまだにその光景が忘れられない。陶土をみじかい棒状に切り、ささっとかたちを整えてから、片端を本体の上部にくっつけて固定する。その手の動きがまたすごい。右手の指で端を固定したら、こんどは左手の指先にちからを込めてむにゅっと伸ばしながら押しつけ、本体に固定。つぎに、くにゅうとたわめ、もうひとつの端をおなじように固定——そのすばやさ、的確な早技に見惚れた。

都合五十個、みるみる誕生したマグカップの整列を眺めて、ああっと声が出た。取っ手のなだらかなカーヴがすべて一定、そのうつくしいこと。取っ手はただ便利のためだけにあるのではなく、造型美にもひと役買っているのだった。わたしは、ものが「ものになる」瞬間に立ち会った厳粛な気分になり、できたての五十個を言葉もなく眺めた。

ところで、長年ずっと探し続けてきたものがある。手付きのカップ、ただし、飲みもの用のマグカップではない。汁気のある料理を手軽にぱっと盛ることができるもの。

底の平たいうつわの底にすこしだけ汁やだしが溜まる。飲みたいけれど、スプーンですくい切れない。そのたび、いつも思ってきた。背の低い、料理用の手付きのカップがあったらどんなに便利だろう。

手付き。そこには、持ち上げて口をつけて飲むものだというあらかじめの約束ごとが成立している。

「イソップ物語にツルとキツネの話がありますね」

探し続けてようやく見つけたその手付きカップを見ながら、さきのウエノさんは言った。またしても考えていることがおなじなのか⁉

そのイソップ物語は、いじわるなキツネがツルを招き、平たい皿にスープを入れてごちそうする。でも、ツルは飲めない。こんどはツルがキツネを招いて口のながい壺に肉を入れてごちそうするのだが、キツネは届かない。その様子を尻目に、ツルは悠々とクチバシを突っこんで肉を食べて仕返し……そんな寓話である。

「あれはせつない。ツルが平たい皿のスープを飲めないところが哀しすぎて」

ええ、ほんとうに。最初にいじわるをされたツルの立場に肩入れし、ツルの隔靴掻痒のくやしさがリアルに迫ってくる。はじめて読んだこどものとき、わたしは絵本の端を握りしめてツルのくやしさを思った。

でも、だいじょうぶ。こんな手付きカップがあれば、ツルもキツネも心配ご無用だ。取っ手を握り、澄ました顔でつつーっと飲み干す。

緩衝材

籾殻がなつかしい

なるほど、こういう分野の仕事があるんだなあ。先だって古陶磁を貸し出す機会があり、こちらで厳重に梱包して手渡さなければならないのかと思っていたら、いやそれには及びませんと言う。梱包専門の運送業者をよこすから、ただ待っていればよいとのこと。それは助かると約束の時間に待ち構えていると、トラックでやって来たお兄さんは大ロール状の「プチプチ」を携えている。そして手慣れた様子で入念にブツを梱包して段ボール箱におさめ、保険の書類にサインを受け取って、颯爽とトラックで帰っていった。そして数時間後、何事もなく箱は相手の手もとへ。おみごとな仕事ぶりでした。

ワインや日本酒などの瓶類。冷凍保存食品。クッキーやビスケットの缶の下敷きやふたの内側……食べものあれこれ、おおいに「プチプチ」の世話になっている。

通称「プチプチ」、つまり緩衝材である。カンショウザイ。塩化ビニールの伸縮性と空気の圧力で衝撃を吸収し、破損を防ぐ。四角ばった聞き慣れない言葉だが、「プチプチ」は「エアキャップ」とも呼び、じつはどちらも商品名。緩衝材をさらに厳密にジャンル分けするなら、気泡緩衝材ということになる。

そもそも1957年、アメリカで壁紙を開発する際に偶然生まれた産物だったという。空気に中身を守らせるとは、たいした発見だ。何でも包めるし、形は自在だし、何度でも繰り返し使える――すごい。

クッションの役目を担ってくれるのは空気ばかりではない。ウレタンのチップ、シュレッダーの屑、発泡スチロール、段ボール片、再生古紙。緩衝材の世界も奥が深い。こないだ届いた梨十二個入りの箱を開くと、再生古紙でこしらえた半カップ状の窪みつきシートがぴちっと敷いてあり、そこに梨が王様のような顔をして一個ずつ鎮座していた。

梨、桃、りんご、ぶどう。ぶつかったときの小さな傷が商品価値を下げてしまう果物にとって、緩衝材は命綱だ。それどころか、十を百にでも見せてくれるのがメロンの場合である。いったいなんだろうと桐箱を開けてみれば、そこにはピンクのサテン布。おずおず探り出すと、なかからお殿様の登場である。サテン布の下には半円型の発泡スチロールが台座になっている。恐縮です。

いっぽう、ほっとするのが新聞紙の場合だ。身近で、親しみがあって、惜しげがない。なのに、緩衝材としての新聞紙の働きは瞠目に値する。手でくしゃくしゃに丸めただけで、衝撃吸収の道具に早変わり。ガラスでも漆のうつわでも、おおきめの段ボールのなかに丸めた新聞紙をぎっしり詰めこみ、その中心におさめるだけでよい。うつわ屋を営む知人が、「結局オレがいちばん頼りにしてるのは新聞紙」と断言していた。すみからすみまで読んだのち、さらに優秀な緩衝材まで務め上げるのだから新聞紙はかっこいい。

いま、急に思い出した。そういえばわたしはこどものころ、フルーツが埋もれている緩衝材を集めていた。もしゃもしゃで、白金色で、引っ張ると離れにくくて、指にぺたっとくっつく。不快な触り心地なのだが、十二月のクリスマス会に大活躍する。雪がわり、氷がわり、雲がわり。けっこうな冬景色になったっけ。

昔は、今みたいに頭のよさそうな緩衝材じゃなかった。工夫を凝らして、どうにかしのいでいたのだ。卵屋の前を通りがかると、茶色の籾殻に真っ白い卵がつんつん立っていた。八十年代終わり、東京・吉祥寺の卵屋の風景である。りんごや梨の箱にも籾殻がぎっしり入っていた。そういえば、籾殻はどこへ消えてしまったのだろう。

台ふきん
とにかく揉み洗い

台ふきんには、いつも追い込まれる。だめだなあ。ため息まじりの声が聞こえる気がする。いまだにこどもの時分に押しつけられた焼き印が疼《うず》くのだ。五年生の家庭科の授業のとき、女先生が言い放った言葉が忘れられないでいる。「テーブルを拭くのが台ふきん、床を拭くのが雑巾」と説明したのち、きっぱり断言。

「台ふきんは雑巾とはちがいます。いつも白いのが台ふきん」

教室じゅうがしんとなった。「いつも白いのが台ふきん」。ひと続きの言葉として頭に入ってしまった。

そもそも台ふきんは存在じたいが不条理だと思う。拭けば、そのぶん汚れて、着々と白から遠ざかってゆく。でも、台ふきんは白ければ白いほど、つまりきれいであればあるほどこざっぱりと気持ちいい。だから困る。新品の台ふきんをおろすときはいつも、いったいこの白はいつまで保《も》つのだろうと前途を案じ、痛々しいような、延命祈願するような、複雑な気分を味わうのである。

どうにか身につけた善後策は、けっきょくこのふたつに尽きるようだ。

「まめに熱湯でくつくつ煮る」

「定期的に漂白剤に浸す」

くわえて秘策がひとつある。これを日々守っていれば、白の保ちはぐんと長くなる。

「揉みながら洗う」

わたしは、この手だてを、ある料理人に教えてもらった。半世紀以上研鑽を積んできたそのひとは、一日の仕事のおわりに山と溜まるふきんはひとに任せず自分で洗うと言う。

「汚れは繊維のなかに入っています。だから、洗うというより、繊維の外へ汚れを誘いだすつもりで洗うといい。そのためには熱い湯のなかで揉みしだく」

教えられた通りに実行してみると、果たして繊維の内側から汚れがじわっじわっと滲みでてくる。先手必勝、「誘いだす」のだ。そのあとすかさず熱湯で煮沸する。家庭科の女先生には、こういう実学をこそ教えてもらいたかった。

しかし、ものはかんがえようである。女先生のおかげで頭の片隅に「台ふきんは白」が棲みついてしまい、日々なにかに追われるようにして揉み洗いしたり煮沸したり漂白したり、ようするに、理想と実学とのはざまで右往左往してきた。煮染《にし》めた台ふきんだけは避けなくては、と思ってきたのだから、いまだに女先生の監視の目に怯えているのかもしれない。その証拠に、いよいよくたびれた台ふきんを雑巾におろすと、解放された気分になり、とてもほっとする。

手袋
ふたつでひとつ

左右ふたつでひとつ。手袋は左と右が揃ってはじめてひと組と思っていると、「手袋の片方を失くしても、もったいないから捨てません。手袋がない片手のほうは、ポケットに入れて歩きます」というひとがいた。ふたつでひとつという思いこみを打ち破る策だという。

片割れの悲哀には胸を衝かれるものがある。忘れものだろうか、落としものだろうか、道ばたでぽつねんと置き去りにされた片割れに遭遇すると、立ち止まってじいっと見つめそうになってしまう。もうひとつの片割れのしょげた姿を思い浮かべて、せつない気持ちに駆られてしまうのだ。

つい先日も、郵便局の振り込み用紙の記入カウンターの上に、ベージュのウールの手袋がぽつんとひとつ置き去りにされていた。ずいぶん細身だから持ち主は女性なのだろう、甲の部分にちいさなビーズ刺繍をちりばめた古風で上品なデザインは年配の好みを想像させた。きっと書きやすいように片方だけはずしてボールペンを握ったのだ。そして手袋をはずしたまま受付口へ回り、用事をすませて外へ出た——実際に見たわけでもないのに、老婦人の身の動きまで想像してしまう。でも、きっとほどなく気づいて引き返してくるだろう。銀行のキャッシュディスペンサー・コーナーでも、ちょっとやさぐれた風情の片割れにときどき遭うので、「もうちょっとの辛抱だから」。持ち主が戻ってきますように、と念じてしまう。

やっぱり手袋は、ふたつ揃ってこそ役目を果たすのである。コートのポケットから滑り落ちたのだろうか、路肩にふたつなかよく落ちている様子を目撃すると、逆に安心したりもする。

手袋の片割れがこんなに気になるのは、こどものころ読んだ新美南吉の童話が忘れられないからかもしれない。

新美南吉作『手袋を買いに』。ごくみじかいお話である。きらきら光るまっ白い雪がどっさり積もった真冬のある日、雪遊びをした子ぎつねは母さんきつねに訴える。

「お母ちゃん、お手々が冷たい、お手々がちんちんする」

かわいいわが子に霜焼けができてはかわいそう、母さんきつねは子ぎつねの片手だけ人間の手に化かして変え、町の帽子屋へ買いに行かせる。お金を渡すとき、子ぎつねはうっかりきつねの手のほうを出してしまうのだが、人間は気がつかないふりをして、あたたかな手袋をちゃんと渡してくれる——なのに母さんきつねが「ほんとうに人間はいいものかしら」とおしまいにつぶやくので、ちくりと懐疑が差し挟まれる。はじめて読んだとき、「片手だけ出して、片手ぶんの手袋しかもらえなかったらどうする！」と心配になった。両手とも人間の手に変えてあげなかった母さんきつねに憤り、でも、ぶじにふたつ渡されたと知って、ほっと胸をなでおろした。

この冬も、小学校の脇の雪道を歩いているとフェンスの網に手袋の片割れがひとつ、ぎゅっと差しこんであった。誰かが拾い上げてくれたのだろう。

（ここで待ってるよ）

雪にまみれた赤い毛糸の手袋が、早く見つけてねと泣き笑いをしていた。

ショーケース
この世の曼荼羅図

ショーケースは曼荼羅図みたいだ。

大宇宙と小宇宙、全体と部分、聖と俗。四角い空間のなかに丸がみっしり存在し、同時に全体を鳥瞰させるところなど、まさしく。前に立つと頭がふわっとしてきて、かるく瞑想状態に陥る。

ショーケースを前にすると、煩悩にまみれる。こどもの時分からずっとそう。この感覚をはじめて自覚したのはデパートの大食堂だった。日曜の昼、父と母と妹の家族四人でデパートに向かい、階上の大食堂をめざす。ところが、大食堂入りぐちの巨大なショーケースで胸突き八丁。いきなりの関門である。

いかにも親切そうだが、そのうちいじわるな行列に見えてくる。オムライス。チキンライス。スパゲッティ・ミートソース。寿司。天ぷら。うな丼。とんかつ。お子様ランチ。デザートまである。クリームソーダ、ソフトクリーム、プリン・ア・ラ・モード……たったひとつを選べとな。わたしは内心、激しくかぶりを振る。むり。ぜったいむり。目移りなどという生易しい言葉ではとても言い表せない感情の渦に巻きこまれた。

ショーケースはしきりに囁きかける。

（なんでもあるぜ）

こうも囁く。

（叶う望みはたったひとつ。あとは諦めるんだな）

ぜんぶ見せておきながら、酷だと思う。いったん見てしまったから、あれも食べたい、これも食べたいのに。呆然としていると「早く決めなさいっ」。親に手を引っ張られたが金縛りに遭ったように動けず、そのときの混乱が忘れられない。

おとなになるとそれなりに知恵がつき、ショーケースはできるだけ視界に入れず、動揺を回避する作戦でゆく。もちろんメニューを読むという次の難関も控えているわけだが、このときは一行ずつ「読む」という行為に助けられる。読みほぐし、想像し、考え、ゆっくりひもといていけるから。もしかしたら、わたしには鳥瞰する思考方法が身についていないだけなのかもしれない。

さて、細部だけ見れば、ショーケースほど興奮に充ちた空間もなく、ぎりぎりまで現実に肉薄しようとする職人芸に目を奪われる。巻き寿司の断面の飯つぶ。とろんと溜まった卵の白身。てらてら光る蒲焼きのたれ。棘《とげ》をまとうコロッケ、とんかつ、あじフライ。ようし生つばを飲みこませてやる。職人魂が漲《みなぎ》っている。フォークに絡ませて宙に静止したスパゲッティには、勝負感があふれているし、「かに道楽」の大看板の赤いカニ、あれは日本一でかいショーケースともいうべきものだが、脚の関節がぎくしゃく動く客寄せ風景には凄みさえある。

振り向かせたい、なんとしてでも。

ショーケースの叫びを受け止めるには、だからけっこう覚悟がいる。ただ、化石になったショーケースの場合、これはちょっとつらい。えんえん何十年、ひびの入ったガラスの箱のなかですっかり放置され、岩になった中華そばとか焼きめしとか、かつての曼荼羅図に戻してやりたくなってしょんぼりする。

自由軒

自由軒
織田作之助好み
名物カレー

だから気になる

店長

店長はすごいよ

「あのー、遅いんですけどパスタランチ」

「こっち、お水ください」

はい、ただいま。少々お待ちを。あちこちから掛かる声をさばく合間に、厨房に入って指示を飛ばす、レジに立つ、もたつくバイトを気遣う。ぷらりと入った街場のイタリアンレストランに、八面六臂のスーパーマンがいた。名札を見ると、「店長」と書いてあった。

「長」の字がつくと、それだけでもうたいへん。

【班長】給食、飯盒炊さん、消防訓練。すべては班長の差配しだい。

【級長】ふだんはただバッジをつけているだけでもいいのだが、いざというとき事態の収拾能力を発揮しなければならない。

【組長】支配力というより、むしろ精神的な求心力でタカラヅカから任侠道までしもじもを束ねる。「隊長」も右におなじ。

会社組織なら係長、課長、部長。つくづく人間は「関係」で生きている。「長」の一字は重い。自分のためなら腰が退けてしまう局面でも、班長、級長、組長のためなら、よっしゃひと肌脱ごうという気にさせられるのだ。逆も然り。「長」がつくと、がぜん磨きがかかるひと、ひと皮剥けるひと、頭角をあらわすひと……「長」の一字には絶大な魔力がある。

さて、そこで店長の出番です。

店長。なんという重い響きだろう。一国のあるじ。責任者の重み。ぜんぶを背負ってきっぱりと立つ。

「店長!」

声が掛かった瞬間、緊張感が走ってあたりが引き締まるかんじ。じっさいのところ、従業員の監督であり、指導者であり、現場責任者であり、売り上げ、人件費、伸び率……利益の総責任者でもある。客層や地域性も把握しなければならず、接客もこなして鑑になる。たったひとりで教育方面、サービス方面、経営方面、すべてをひっかぶっている。

でも、オーナーじゃない。ふと上を見ると、会社が目を光らせている。

(ここは、おまえにまかせたぜ)

組織がニラミをきかせている。

お客だけ見ているわけにはいかないし、従業員の機嫌をとっていては務まらないし、会社の言うとばっかり聞いていては現場にそっぽを向かれる。ときには「名ばかり店長」なんて呼ばわる輩もいるから油断はできない。

店長はつらいよ。そこそこ権限を持たされた「長」でありながら、同時に中間管理職でもある。そこに、おおいに共感してしまうのだ。

でも、デキる店長は、スネたりいじけたりもせず、あずかった自分の責務を着々と果たす。ときには身を捨てて崖から飛び降りたりもする。そんなすがたにぐっとくるものがあるから、ひとはついてゆく……おなじ一蓮托生なら、デキる店長の下で働きたい。

ここ、だいじょぶかなという店は、店長の佇まいでなんとなくわかってしまう。こないだデパ地下に寄ったとき、売場のかたすみで遠い目をして幽霊みたいにぼんやり立ってる店長（この場合フロアマネージャーと呼ばれている）に出くわしたときは思わず、先行きを案じてしまった。近所のコンビニは、店長のおじさんが変わったとたん、店がぴっかぴかになって明るくなり、こころなしか古参のおばちゃん店員の愛想がよくなった気がする。

店長のすがたには社会の縮図があり、だからこころのなかで小旗を振って応援したくなる。

おおきい ちいさい

人生の一大事

ちらりと横目で見ると隣の煎餅のほうがおおきい。涙目になりそうなところをぐっとこらえ、自分の煎餅に視線を戻す。やっぱり微妙にちいさい。

おやつの時間はたいへんだ。不思議なことに、自分のほうがおおきいことはめったにない。たいてい隣の子のほうがおおきい。でかく見えるのです。世の中はそういうふうにできている。

「ぼくなんか悲惨でした」

ヤマダくんが言う。なんでも到来物があるたび、お母さんは兄のヤマダくんに切り分ける役を命じたという。カステラ、羊羹、ケーキ。しょうがないから家族四人ぶん、おとなしく等分に分けるのだが、くやしくてたまらない。

「五つも年下の弟がオレとおなじおおきさって、そりゃあないでしょう。でも、最初に均等に分けなきゃ公平じゃない、ずるいと叱られる。あの悔しさは四十二の今日になっても忘れません」語るそばから拳にちからが入るヤマダくんである。

わかる。はじめて大小の問題にぶち当たるのは、兄弟姉妹のあいだである。とかく親は平等にもちこみたがり、理不尽を躾という名目で押し通す。しかし、世間に出れば出たで、「人間それでは器がちいさい」とたしなめられる。近所の子に誘われて、お菓子欲しさにふらふらと日曜学校に出かけたときのことだ。聖書を手にした牧師さんに諭される。

「与えよ。さすれば与えられるであろう」(『新約聖書』ルカによる福音第六章より)

えっそういうことだったの？　かくして本音と建前というダブルスタンダードを学習することになるのだった。

ところが、事態が逆転する日もやってくる。おおきくなったら、ちいさいほうがありがたくなる日がやってきた。ごはんもおかずも常に少なめ。定食屋では「すみません、ごはん小盛りにしてください」。ケーキもお好み焼きも、でかいだけでひるむ。羊羹も厚切りは避ける。薄いほうがうれしい。なんだかしょぼいなとも思うのだが、しょうがないのです。食後が軽いほうが胃の負担が少なくて気持ちがいい。次の食事のことを考える気持ちが芽生えているのである。

そろそろ健康のことをいちばんに考えるトシになった。ムカシとおなじように食べていたら、からだのほうが音を上げる。だいいち、おいしいものが食べられなくなったら一大事だ。

しかし、ちいさいほうに馴れるには地道な訓練が必要なのだった。まずは、少なく食べて満足することを脳に覚えさせる。ゆっくり食べる。よく噛む。器をちいさくする。するとたった一ヶ月の努力でだんだん馴れてくる。しめしめ、自分の目も、慣れてくる。そうこうするうち、よくしたものでからだも軽くなってゆく。

おおきいものはたっぷりしていて、いかにも豊かである。でもやっぱり、最近はちいさいほうに手が出てしまう。軟弱な胃だと嗤《わら》われるだろうか。飢えを知らない奴の戯言《ざれごと》に聞こえるだろうか。こどものときには想像もできなかった、まさかちいさいほうをうれしがるなんて。

爪

感情を刺激する

小指の爪をなくしたことがある。

小指をなくしたわけではなくて、先っちょの爪。さくら貝ほどのちいちゃな面積だけれど、あの苦痛と喪失感は思いだすだけでぞっとする。のっけから陰気な話でもうしわけないが、わたしにとって避けては通れない正真正銘の「痛い話」である。

タクシーから降りるとき、開きかけた扉がなぜかいったん閉まった。ばたんと閉じた瞬間、あわててドアを押さえようとした左手の小指の爪が、がっちり挟まれてしまったのである。激痛とともに血が噴きだして止まらない。しかたがないから、教室で生徒が手を挙げつづけているみたいな格好で数時間固まってどうにか止血した。翌朝、激痛にもだえながら自分の指先をこわごわ見ると、左端わずか一ミリ残して爪が浮き上がり、いましも剥がれそうな惨状だ。

爪がドアみたいにぱたぱた開閉自在になる光景は、じつにおぞましかった。いや、おぞましいなどと客観的に思えるようになったのは十日も過ぎたあたりで、それまでは髪の毛ほどの振動が指先に伝播しただけで激痛が走り、卒倒しかけた。地獄の沙汰だった。

わたしはつくづく思い知った。爪というものは、皮膚に密着しているから、つい存在感を忘れがちになる。ところが、密着にわずかでも亀裂が入ると、爪はたいへんな地雷に変わる。あのとき「開閉ドア状態」を経験しなければ、そのことにずっと気づかないままだった。

爪を失うと、指の機能はがっくり落ちた。みかんひとつ剥けない。みかんの皮にくいっと爪を立て、皮と実をふたつに分ける道すじをつける爪は、有能なガイド役であり、あたりににらみをきかせる用心棒でもある。堅牢な爪がきっちり門番を務めているからこそ、指先に胆力が入る。

さて、小指の爪は、三週間ほど過ぎたのち、枯れ葉が枝から離れるようにほろりと剥離した。ところが、そのあとの見た目のしょぼいこと。あってもなくても構わないように思いこんでいた小指の爪だが、なければないで、指先がなんとも締まらない。肝心なときに力が入らず、パンツのひもが切れたような情けなさである。

ようくわかったのは、爪は仕切り役だということだ。爪があればこそ、缶ビールもプシッと開く。ゆで卵もむける。バゲットもちぎれる。栗の皮も割れる。するめもほぐせる。餃子の皮もぴたっとくっつくのである。

小学生のころ、抜き打ちの「清潔検査」というのがあった。爪の検査である。机のうえに両手を置かされ、担任の先生が巡回して爪をのぞきこんでひとりずつ清潔ぶりをチェックするのだが、いまかんがえればあれは昭和ののどかな風景だった。担任の先生が帳面につけた手描きの○△×の印が、いまとなってはとてもなつかしい。×をつけられた子は爪をきれいにしてこないと給食当番をさせてもらえなかったし、爪の汚い男子はなんとなく女子に人気がなかった。

あんなちいさな面積でありながら、爪は生理的な感情を刺激してくる。伸びっ放しはひとに不潔感を与えるし、切り過ぎた深爪が視覚に痛々しく訴えてくることもある。大きさ、長さ、幅、切り揃えかた、百人百様という言葉は爪にもあてはまる。

ところで。ぶじに小指の爪が剥がれて落ちたら、こんどは新生児のやわらかな爪がたけのこのように顔をのぞかせ、じわじわと生えてきた。完全にもとの小指が復活するまで、きっちり六カ月かかった。

棘《とげ》針以上の痛み

ちっちゃな中華料理屋の赤いカウンターで酢豚定食を食べていると、いきなり訊かれた。

「シマウマはどうして縞模様なのか知っていますか?」

あわてて振り向くと、それはテレビのナレーションの声だった。画面いっぱい、シマウマの群れ。ええとそれは……箸でつまんだ肉をいましも口に放りこもうとしている連れ合いに、「あれは目くらましみたいなもんだよね」と言うと、うなずきつつ「黒地に白なんだろうか、それとも白地に黒なのか、どっちなんだろう」。あらたな課題が浮上してしまった。

縞模様がたくさん群れると、全体に溶けこんで個体がわからなくなる。それは巧みな防御であり、控えめな攻撃でもあるだろう。わあわあ騒いで応戦するだけが攻撃ではない。棘もシマウマの縞模様と似てはいないか。手を伸ばしてくる闖入者を刺そうというのだから、防御というより攻撃だろう。

ウニ。ハリセンボン。ナマコ。ヒトデ。海の棘も油断ならないが、山の棘にも泣かされる。とりわけ震えがくるのは栗の棘、イガだ。あの激痛といったら、ない。ちくり、などと可愛い痛みではない。突起がわずかでも皮膚に触れた瞬間、はげしい電流が全身を貫いて拷問めく。栗は、世間によほどの恨みつらみがあるに違いない。

わたしの仕事場の裏手に栗畑がある。持ち主が丹精こめて育てているだけあって、毎秋の豊作ぶりに目を見張るのだが、日に何度も通りかかるので、その成長の一部始終を観察することになる。梅雨のころ、はっと気づくと枝先にミントグリーンのボールが鈴なり。近づくと、イガの棘の一本一本、できたてほやほやである。指で触れるとふんにゃり、拍子抜けするやわらかさなのだが、秋に向かうにつれ茶色に染まり、硬さを備えてゆく。十月に入ると、ぱちんと弾けて呵々大笑、艶やかな栗の実が顔をのぞかせる。愛らしさにつられて、重みで落ちたイガをうっかり拾いかけると針以上の痛み。棘は、夏の暑熱や雨風に鍛えられ、その精度をちゃくちゃくと上げてきたのだ。

ただし、棘に行く手を阻まれたぶん、中身がありがたい。ウニにしても、あの硬い殻を乗り越えたあげくの味だからこそ、よけいにありがたいのだ。

それにしても棘は罪つくりだ。痛みのふかさは刺されたほうにしかわからない。しかも棘というものは、傷が癒えてなお、刺された瞬間の痛みを植えつけるところがおそろしい。

もっと始末にわるいのは、とっくに抜けていると思ったのにこころに刺さったままの棘。言葉、光景、できごと、忘れたいのになにかの拍子に疼くから、棘のかけらがまだそこにあることに気づかされてしまう。そのうち抜けるだろう、と鈍感なふりをするほかない。棘に刺されそうなのに近づきたくなるのは悪い癖だろうか。

記憶

こころのなかで呼吸している

二〇〇七年の夏、能登半島をぐるりと旅をしたあとの紀行文で、わたしはこんなふうに書いている。

「わずか電話一本、簡単に取り寄せられるけれど足を運んだこともない土地の味は、ちょっとつまらない。空気や佇まいや言葉や、つまり土地のいっさいが剝げ落ちている。想像はできても、なまなましく揺り動かされるような記憶がみつからない」（『西の旅』vol.15　２００７）

半島を縦断しながら土地の暮らしに分け入る旅だった。たとえば能登の海のテングサでつくるところてん。写真には、いましもところてんを突く瞬間の米田のおばあちゃんが捉えられている。

「テングサを洗っては乾かして、それも二度か三度雨に晒すとね、色がよう抜けてきれいな白になるんよ」


そのテングサをアルミの大鍋でことこと煮て、バットに注いで冷ます。固まった半透明の中身にそろりと指を差し入れ、すくい上げる写真。ぶるんぶるん、四角いかたまりは生き物となって米田のおばあちゃんの手のなかで揺れて暴れた。台所の一角で年代ものの水屋箪笥が飴色の照りを放ち、ちゃぶ台の上にはちょこんと傘を広げた蝿帳《はいちょう》があった。

青いビニール手袋をはめた女衆が一心に銀色のアゴの山と格闘している写真。これは輪島港沿いで撮られた。頭、背びれ、はらわた、手もとが秒速で動く。そのうちのひとりが、やおら割烹着のポケットから携帯電話を取り出して募った。

「アゴやらんか?」

あれは麻雀にでも誘うような口ぶりだった。

潮風にのって、つぎつぎページを繰って写真に見入る。海岸べりのハチメの一夜干し。ひもでゆわいて軒下にぶら下げた手づくりの鰹節。ねっとりと白い飯をまとったなれずし、箸ではさんで瓶から引きだしたこのわた。歳月がどんどん縮まる。そうだった、なれずし名人「まいもんや浜中」のおばあちゃんは会ったとき梅漬けをつくっているさいちゅうで、両手の指が紫蘇でまっ赤に染まっていた。

記憶が、つぎの記憶の手を引いて連れてくる。

矢波「郷土料理の宿 さんなみ」の味をとらえた写真にも圧倒される。すでに数え切れないほど見た写真ばかりなのに、それどころか、すべてわたしもじかに見たものばかりなのに、まるではじめての光景のように視線を掴まえ、ふかぶかと沁み入ってくる。あくまでも静謐、しかし不穏さも隠しも

つ複雑な光と影の襞《ひだ》から、ぷつぷつ、ぷつぷつ、半島あちこちの発酵の微音が聞こえてくるのだった。「さんなみ」の仕事が、惚れ惚れするほどみごとに記録されている。柿の葉のうえ、炭火に焙られているいる三年もののこんかいわし。鰤のえらと塩を合わせて熟成発酵させた濃紫色の鰤のたたき味噌、通称カゲ。見るからに正体不明で怪しいのに、つい箸をのばして舐めたい衝動をあたえてくる。

　または、からもん。熟《な》れた野菜の塩漬け十二種が大皿に盛りこまれている。ふき。こごみ。とっこん。しばたけ。みょうが。柚子。きゅうり。赤かぶ。なす。きくいも。こしあぶら。わらび。いぶし銀の色彩をすくいあげた一枚の写真は、能登の気候風土と真っ向から対峙するかのように、真俯瞰でシャッターが切られていた。わたしも、からもんの写真に向かいあう。あの日、箸でつまんだ一片、ひと茎、一枚、しぶとい塩辛さが十二の味とともに味覚を強打してきたのである。記憶、それも純度の高い写真が連れてくる記憶がかくも味覚を奮い立たせる——わたしは息を飲んだ。これらを撮影した写真家、小泉佳春さんは二〇一一年八月六日、ちからを尽くした闘病のすえ、多くのこころに残る写真を遺して逝去した。五十一歳の早すぎる死だった。宿「さんなみ」もその年の春先に閉じて、もうない。わたしは、また能登に旅をするだろう。そのとき夥《おびただ》しい記憶はなにを連れてくるのだろうか。

手をかけただけ。
このプルプルの弾力！ 能登島の海で採れる海藻（テングサ）は、天日干しをして1年。お母さんの手間暇がかかった愛情を受けて、このところてんになる。プルンとした喉越しは、市販のところてんとはまったくの別物。かたまりで見ると、圧倒的な迫力を持っていた。海の栄養がそのまま身体に入ってくる感じがする。米田さんのところてん（→P.23）

負ける
達人の必殺技

「オレはナ、ここぞというときは勝ちにゆくぜ」

繁三さんの口癖である。賭け事をやらない繁三さんだが、「勝ちにゆく」というせりふが気に入りのようで、喫茶店でも居酒屋でも何度か耳にしたことがあるから、酔ったついでの気炎でもなさそうだ。「勝ちにゆくぜ」の前に「立派に」がついて一段階グレードが上がる場合もある。いずれにしても、「オレはナ」と「ここぞ」との間に二拍、そのタイミングであごの先をしゃくるのも習慣である。（一種の芸になっており、わたしはそれを見るのが大好きだ）

しかし、繁三さんは仲間内ではこう言われている。

「負け上手」

本人が知っているのかどうかは不明だが、いや、知っているからこそ例の口癖に繋がるのかもしれないが、みんなは「負け上手の繁ちゃん」と呼んでいる。

繁三さんは、ここで少しだけ押せば自分の意が通るところを、決まってすっと引く。傍で見ていると、その身の引きかたは潔いほどだ。会合の日にちを設定するときも、重なりそうになれば「オレはいつでもいい」。居酒屋でボトルを頼むとき、焼酎は芋か麦か黒糖かなどと訊かれると、「オレはなんでもいい」。しかしわたしは、繁三さんが日程をあとで調整しているのも、焼酎は麦が好みだということも、なんとなく知ってはいる。

何度かそういう場面に遭遇するうち、少しずつわかってきた。繁三さんには、「負け上手」などという意識はさらさらなく、もちろん「負けている」という気持ちもない。ただ、自分が勝つために細かい神経を遣うのが面倒くさいのだ。微妙な駆け引きや手続きが芯から嫌いなのである。

いつだったか、ガラス張りの喫茶店でお茶を飲んでいたら、繁三さんが通りかかったので手を振ると、「コッ」と片手を挙げながら入ってきた。「オレもお茶飲んでっていい」と聞くので、うんいいよもちろん、と応じて、しばし茶飲み話に興じた。とりとめもない近所話の途中、G通りに開店した妙齢の美人がひとりでやっているケーキ屋を知ってる？　と訊いてきた。

「あるよ、すごくおいしいよ。わたしよく行くよ」

「いやね、外から見るといい感じなんだけど、きれいな女の人がひとりでやってる店ってさ、オレ気が弱いから、それだけでビビッちゃうの。すでに負けちゃってるのよ」

かわいいなあ繁三さん。負けても勝ってもどっちでもいいじゃないの、向こうは気にしてないんだから。とりあえず言ってはみたけれど、その気持ちはじつによくわかった。

負けた気分は、ちょっとは取り返してみたいのが人情だ。でも、そのためには勝ちに行かなくてはならない——面倒な機微をわざわざ自分に持ちこむのが、繁三さんには鬱陶しいのだ。君子危うきに近寄らず。この場合の「危うき」は、他者ではなく、自分自身である。「武士は用のないところには出かけていかない」という謂《い》いもある。ほんとうに始末に負えないのは、予測も想定もできない自分の心なのだ。その日以来わたしは、繁三さんをひそかに「人生の達人」と位置づけて尊敬している。

とはいいながら、繁三さんが「ここぞというときは勝ちにゆく」場面も、いつか目撃してみたい。そのときの繁三さんは、ものすごくかっこいいに違いないと期待をこめて信じている。

満腹

生きていてよかった

ときどき庭に尾の長い鳥がくる。そういえば昨日も木の枝に止まっていたと思い出して、晴れた朝、隣家との塀のうえに砕いたパン屑をほんのすこし撒いてみた。すると、どこでどう察知したのか、ほどなく飛来してきてパン屑をついばんでいる。

ちょん、ちょん、ちょん。嘴《くちばし》を上下させながら、狙い定めて的確に捉える。無駄のない動きだなあと窓のこちら側で感嘆していると、半分以上残してぱっと飛び立っていった。

塀のうえに残されたままのパン屑を眺めながら、かんがえた。あれっぽっちで満腹というわけではないだろう。いや、そもそも小鳥は満腹とは無縁のようにも思われる。仙人みたいだな小鳥は。待てよ、ただパン屑が気に入らなかっただけかもしれず、だとしたら見切りのつけようは堂々としたもんだ——あたりの空気も揺らさず飛び立っていった小鳥相手に思案する。

食べられるのに食べない。

食べたくないから食べない。

どちらも、むやみに欲に引きこまれないところに感心してしまう。いっぽう、開高健のトリスウイスキーのコピーを思いだす。

「人間」らしくやりたいナ
「人間」なんだからナ
満腹は欲の産物である。とりたてて満腹にならなくても足りるのに、くちいおなかをさすってほっこりしたい。食欲とはまたべつの、さらに幸福の領域に手を掛けようとする人間の性《さが》である。

とても好きな風景がある。1938年、アンリ・カルティエ＝ブレッソンがフランスの川べりで撮った写真だ。四人の中年の男女（二組の夫婦かもしれない）が川面に浮かぶボートを見下ろしながら、草のうえでピクニックをしている。脚を投げだして後ろ向きに座っている全員、ふとっちょ。Tシャツの背中がぱつんぱつんに伸びて肉がむっちりはみ出ている。右端の女は上半身シュミーズ姿で、露わにした丸太のような腕で掴んだのは鶏の腿だろうか。転がっているワインの空壜。食べ終えた皿。たらふく飲み食いしてなお、左手前のサスペンダーの男は赤ワインをわし掴み、グラスに注いでいる最中である。

顔の表情は見えないのに、四人のふとっちょの背中が発散しているのは「満足」である。食べる歓びをとことん謳歌しつつ、でももっと！　このモノクロームの写真がすてきなのは、画面にそこはかとなく幸福感が漂っているからだ。満腹と満足感の関係がワンショットのなかに捉えられており、そこに人間の本質を一瞬で捉えたブレッソンの視線の凄みがある。

ほんとうの満腹は食べた物量の多寡ではない。腹におさめた食べものの量ではなく、胸に溜めた幸福の量なのだ。ああおいしかったと満腹感に浸るひととき、生きててよかったとほころび、やわらかな気持ちになる。後悔とか反省があとからやってきたとしても、まあいいや、人間なんだからナ。

中国料理
萬福飯店
3396·0666
ランチ

待ちぼうけの丼

出前
待ちぼうけの丼

「あたし出前を取るときね、たいてい二人前を頼むことにしてるのよ」

ひとり暮らしの真紀子が言うので、とっさに訊く。

「それは女の用心ってこと?」

とっさに用心と結びつけたのは、以前に不動産屋のおじさんから聞いた話を思いだしたからだ。駅前で何十年も不動産屋をやっていると、ひとり暮らしをする女子には勝手に親代わりのような気持ちを抱き、あれこれ世話を焼いてしまうのだという。表札には名前を書かず名字だけ記載するべし、下着を干すときは窓側、できれば部屋のなかにとどめるべし、集金とか勧誘はかならずチェーンを掛けたまま応じるべし。くわえて、もしも出前を取るときは一人前は避けよ。ドアの前にぽつねんと置かれた一人前のカラの丼は「わたし、ひとり暮らしです」と公言しているのと同じで危険、というのが、

自他ともに認める町守役の意見なのだった。その話を持ち出してみると真紀子は、

「ううん、そういうわけじゃなくて」

手をひらひらと振り、用心説を却下する。

「じゃあ、むしろ見栄トカ？」

それは、こんな〝告白〟を聞いたこともあるからだ。夫は激務の銀行マンで休日出勤はざら、三人の幼児を抱えて孤軍奮闘中で「憤死寸前」の友人の話だ。たまに実家の母がこどもたちを預かってくれる日、近所の鰻屋から出前を頼むのが格好の息抜きなのよと言うのだが、モンダイはそこから先らしい。ひとりで鰻を食べに行くのはなんとなく家族に申しわけないのだが、出前なら気分の帳尻が合う。とはいえ、鰻屋に一人前だけ持って来させるのは悪いし、近所の手前、一人前だけ頼むのはこそこそと贅沢をしているようでいやなのよォと声をひそめる。出前ひとつにそこまで気を遣うとは難儀なことねえ。本音を洩らすと、当人はむっとして、「団地暮らしの面倒くささは簡単にわからないわよ」。ご機嫌を損ねてしまった。

今度はそんな話を持ち出すと、真紀子はまたもや手をひらひらと振り、見栄説も却下する。ひとりで二人前を頼む理由をこう説明した。

「用心も見栄も混じってるかもしれないけれど、あたしの最終目的はそこにはない。あのね、汁が浸みてごはんがほとびたかつ丼、あの貧乏くさい味がすごく好きなの。たとえば土曜の昼に鍋焼きうど

んとかつ丼を頼むでしょう、昼には鍋焼き、夜には手をつけずにそのまま取っておいたかつ丼を食べる。これ、最高」

べつのうつわにかつ丼をよそい直し、チンしてあっためる。すると、出来たてを超えるしみじみとした一品に昇格するのだという意見には、わたしははげしく同調した。ひとり暮らしを謳歌する真紀子の主張は、出前の味の本質をスルドく突いている。

ちょっとだけ、あるいは大きく食べどきを逃している。これが出前の味の醍醐味だ。しかし、人間には、機を逸した気まずささえ、ある種の味わいに転換する能力があるということ。とうに昼どきを過ぎた時分に会社を訪ねたりすると、デスクの脇に水滴がびっしり溜まったラップがけの五目焼きそばなどを目撃することがある。手つかずの出前を置いたまま一心不乱に仕事にいそしむ姿に遭遇すると、畏敬の念がふくらむ。いくら状況が許さないとはいえ、出前という負荷を受け容れつつ、さらに自分にも五目焼きそばにも待ちぼうけを食わせるとは、ここの会社には大人物がいる。

行列

みんなで一致団結

つい先週、通りかかった携帯電話ショップががらんとしているので、かねがね質問したかった操作方法を聞きにカウンターに近づくと、「番号札を取ってあちらでお待ちください」。え？　と首を回すと、外からは死角になっている壁際のソファに先客がふたり。出鼻をくじかれて早々にあきらめてしまった。

タイミングである。もう見かけなくなったけれど、街頭の靴磨きなど、その最たるものではないか。雑踏のなか、行きずりに目に飛びこんできた空席がひと待ち顔に見え、つい吸い寄せられて靴を差し出す男客。わざわざ後ろに立って待つ景色は見かけたことがない。待たされると、ハシゴをはずされてしまう。さあ今日は天気がいい、冬ものの衣類をまとめてクリーニングに出そうと意気ごんで大荷物を抱え、近所の店まで歩いてゆくと、みな考えることは同じとみえて順番待ちの列ができている。

タイミングが合わず、すごすご引き返してしまう。ふたり待っていたら行列に見えるほうである。

一九七〇年八月。十二歳だった。親に連れられて出かけた千里の大阪万博会場には、長蛇の列があちこちでとぐろを巻いている。「月の石」が展示されているというアメリカ館の前には、雲霞のごとく人間が溜まっており、列の最後尾には「三時間待ち」の立て札が立っていた。

頭上で父と母のうんざりとした声を聞いた。

「待つの？」

「……」

わが家はちいさなパビリオンを回る作戦を採ってみたが、それでも地味なブルガリア館でさえ一時間近く待ってようやく入れた。炎天下の集団は、じいっとなにかに耐えていた。父も母も、ため息ばかりついていた。だからこそ、館内に足を踏み入れたときの涼しさ、初めて食べた本物のブルガリアヨーグルトのおいしさは、いまも鮮烈だ。

逃げ場のない行列は、ただそれだけでひとを去勢する。行列を目にするだけで、真夏の万博会場の風景がまたぞろ復活してくる。三波春夫の声も響きはじめる。

しかし、列をつくって待つことがうれしい日もあった。縄跳び、それも大縄跳び。縄を回す役が右と左にひとりずつ、ちぎれんばかりに腕を回転させながら縄で宙を切る。飛びこむのを待つ七、八人、しだいに増えて十人、十五人。速度が速くなって難易度が上がると、むしろ大人数のほうが緊張感がふくらんだ。行列の先頭が気合いを入れて縄の弧に飛びこむたび、引っかけやしないか、転ばないか、全員が気持ちを合わせて静かに興奮しながら自分の番を待つ。あれはほんとうにうれしかった。

いま、年に一度だけ足を運ぶ鰻屋がある。いつも梅雨の時期なのだが、天気にかかわらず長蛇の列ができている。香ばしい鰻の匂いを嗅ぎながらお預けを食うのが妙な快感になり、このときばかりは待つ小一時間がよろこびでさえある。ところがある年、どんなタイミングだったのか、三人しか待っていないときがあった。スカスカの店の前を見た瞬間に落胆している自分がおり、つくづく勝手なものだなあと苦笑いした。

寿司大
内線二五九七
寿司大
江戸前
寿司大

チラシ
世間というカオス

類は友を呼ぶとはよく言ったもので、わたしのまわりには、ただひとりを除いて、家計簿をつけているひとがいない。数字に弱い、無計画、家計簿が苦手な理由は山ほどあるが、結局のところ、自分の無為無策ぶりを思い知らされるのが怖いのである。しかし、その家計簿歴三十年以上のともだち（独身・高給取り）に聞くと、月末に数字を眺めて気を引き締めるのが習慣なのだという。いちおう確認すると、クリーニング店、スーパー、肉屋……サービス券はすべてクリップで仕分けして保管、定期的に期日をチェックしてきっちり使い果たすというから、ただただ頭が下がる。偉人といおうか、住む惑星が違うといおうか。

ところが、一点だけ合致する意見があった。チラシの類をまったく見ないというのである。彼女の理由はこうだ。

「こころが乱されるから」

なんの異論もない。チラシは誘惑がいっぱい。全身全霊で「安いよ、安いよ」と叫んでいるのだから、つい食指が動かないとも限らない。見るまでは欲しくもなかったはずなのに、安さに誘われてふらふら〜とむだに手を伸ばすのがくやしいのだ、と力説する。そして、「必要なときに必要なぶんだけ買うのが最良の倹約」と断言。さすがは日々の家計簿で鍛えているひとの生活と意見である。

しかし、チラシにはべつの使いかたがあることを、わたしは大阪のともだちによって学んだ。千羽鶴とか生ごみ用函とか封筒とか、再利用の道ではない。たとえば掃除機を買い替える予定があるとしましょう。綿密な購入計画のもと、量販店のチラシを蒐集する。仔細に読み比べ、目星をつけた製品が載っている一番安い店のチラシを持ち、二番目に安い店へおもむく。えっどうして、最初から一番安い店で買えば話は早いじゃないの、と訊くと、答えはこうだ。

「一番安い店のチラシを見せて〝ほら、こっちはこんなに安い〟と示す。ヤル気のある店なら、〝じゃあ、うちとこはそれ以上勉強させてもらいますわ〟」

このチラシ作戦は十中八九、成功するというのだから、凄腕である。でもさ、それってクレーマーに近いんじゃないのと言うと、心外だと叱られてしまった。買ったあとに難癖をつけるのはクレーマーだが、買う以前は正当な値段交渉やで——ぐうの音もでなかった。

ふと、妄想が頭をよぎる。

「雨にも負けず　風にも負けず　チラシの誘惑にも負けず　今日という一日を見つめ　検討をくわえ
買い物の必要を割り出し　在庫を確認し　重複を避け　ときには電卓を叩き　寄り道もせず店に出
向き　けっして意志を曲げず　こころに決めたものだけをもとめる　そういうものにわたしはなりた
い」

しかし、先行きの見えないなりゆきまかせにこそ買い物の妙味はあると思うから、そういうものに
わたしは一生なれそうもない。

ひさしぶりにチラシの束を新聞からごっそり取り出し、じっくり読んでみた。区の広報。製パン学校の開校告知。受験塾の案内。スーパーの特売。エステのキャンペーン。デパートの催事情報。ミシンの下取り。リサイクル案内。宅配弁当のメニュー。防災グッズセール。クリーニング店の新装開店案内。パチンコ店改装。介護施設案内。中高年のパソコン教室勧誘。カオスに放りこまれて、わたしはつくづくと思った。チラシは世間である。そして、一枚を手にして、むうと唸った。葬儀社のチラシであった。

「プレミアム祭壇　52・5万円～（税込）」

NHK
東京新聞
東電アンケート
作業員「本音書けない」
福島第一原発
でも旋風

草
生命の根源

人間界では肉を食べない者は「草食男子」などと呼ばれて生命力の薄さをあげつらわれるけれど、いっぽう自然界では、せっせと草を食《は》んであのでかい牛が育つ――草食であろうと、生命力の低下にはたいした関係はないのかもしれない。

生命の根源、乳にたいする草の影響力は絶大だ。フランスのサヴォワ地方のチーズ、ボフォールのおいしさは草がつくるという。冬、牛舎のなかで干草を食べて育った牛から搾った乳と、夏場のアルプス山麓で青い草やハーブを食べながら育った牛の乳とではおおいに味が違う。夏のボフォールは、ひと口囓れば甘やかな蜂蜜の風味のなかに千種類もの花の香りがあふれるとまで言われ、チーズ愛好家に尊ばれるくらいなのだから。

草を食む。いのち沸き立つ行為である。「草食男子」の謂《い》いを否定してかかろうという気はさらさらないが、まず草を摘み取る行為からして、自然に挑むある種の果敢さがある。天を目指す草に味わいを見出し、選り分ける行為には、空腹を満たすというより、みずからの味覚を悦ばそうとする積極的な意志がある。

高校生のころ、ものの本でヨーロッパにはたんぽぽのサラダがあると知ったとき、とても興奮した。たんぽぽのお酒があるのはブラッドベリが教えてくれたが、まさか葉まで食べられるとは。摘み取るのは、生えはじめのセイヨウタンポポのやわらかな葉。

春が来るのを待ちかね、自転車に乗って畦道のかたわらでたんぽぽの葉を摘んできた。こんなものがサラダになるのかと訝《いぶか》しんだが、なにしろ焦がれて待ったのである。よく洗って土を落とし、一本つまんで口に入れると、経験したこともない野生の苦みが刺さり、とても「おいしい」なんて言えなかった。それから二十年も経ってイタリアでたんぽぽのサラダを食べたときは、長年の溜飲を下げたような気持ちを味わった。かりっと炒めたベーコンやヴィネガーを回しかけた、ほろ苦さが身上の〝デンテ・ディ・レオーネ〟。春のほんのいっとき、ライオンの歯のサラダと呼ばれるイタリアのごちそうだと知った。

たんぽぽのサラダをごちそうだと思えるようになったら、よもぎ、春菊、蓼、香菜、茴香《ういきょう》、クレソン、いろいろな草に馴染みができていった。草だかハーブだか境界線もあいまいな雑草をゆっくり噛みしだいていると、あの複雑なほろ苦さに刺激され、頭がすっきりとしてくる。

草を身近なものとして暮らし、味わっていると、森羅万象の呼吸にも親しくなる。「気持のほぐれる」こととして庭仕事に親しんだ作家、室生犀星は、庭づくりについてこんなふうに書いている。「魚を料理《つく》るにまん中から庖刀を入れることは、料理ることを知らない人のすることである。腹や頭から庖刀を入れねばならぬ。それと同じやうに隅から作りあげ、ひとりでに中心を残して行つたら、そこで中心をぎゆつと締めるやうな心で、最後に帳〆をするのであるが、この一点の仕上げの行き方で、庭を活すとも殺すともできるのである。」(『庭をつくる人』)

永日閑を愛するといっても、庭の草木を相手にするには周到な作為を必要とする。だから、草食男子と呼ばれても、なにも臆することはない。草を食むにはちゃんとエネルギーがいる。肉食女子とやらに「くやしかったら草を食べてみろ」と挑んでやりなさい。

墨
闇の味

ときどき夜ふけに墨をする。

数年まえ知人がひらく習字の稽古の会に通いはじめ、いまはいったん中断しているせいもあって、たまに墨の香りがとても恋しくなるのだ。しかも、昼間より物音の途絶えた真夜中のほうがずっと、墨と親和できる。

墨をするときは、決まった道具だてが必要になる。硯、墨、筆、紙、つまり文房四宝。くわえて水滴、文鎮、下敷き。かんがえてみれば、これらの七つ道具は小学生のときの習字の時間からなにも変わっていない。それどころか、王朝貴族が歌合や歌会をこのんで和歌を詠み合ったころから、書に向かうときの道具立てはなにも変わっていないのではないかと空想すると愉快な気持ちになる。

墨は、ちからまかせにごしごしすってはならない。すこしだけ垂らした水の表面に墨の先端を当てがい、ゆっくり前後に動かす。指先になめらかさが伝わってきたら、硯の表面にはもったりとした照り。しだいに命を吹きこまれて生気を放つ墨の香りは、まるで生き物のようだ。この香りを待っていた。鼻腔から招き入れると、墨の香りが頭蓋のうちがわの隅々まで充満し、陶然となる。

つくづく思うのだが、書の愉しみというものは、墨によって誘《いざな》われるものではないか。世俗から遠く離れた香り。枯淡の極致でもある無彩色。じつは艶やか。しずかにひとり墨をすっていると、しだいに無我の境地に彷徨《さまよ》うのも、むべなるかな。

つい墨をする話に興奮してしまったが、いかの墨にもハイな気分を焚きつけられる。いか一杯をさばくとき、墨袋を破ってはいけないと注意を払うのだが、あ、またやっちゃった。うっかり墨袋を取り損ない、まな板も指の先もまっ黒に染まる。

その頑迷さは驚くばかりだ。たこの墨はさらりと水っぽいが、いかの墨は粘度があってしぶとい。そもそも水中で敵に向かって吐き出し、煙幕に使う道具だからだろうか、これが洗っても洗ってもおいそれとは落ちてくれない。爪のうちがわ、指紋の溝、いか墨が意地になって侵入してゆき、ともかくしつこい。

だから、いか墨のスパゲッティやリゾットと対面したら、早々に腹を据えるほか手がない。どんなに細心に注意しても、かならずいか墨が勝利する。くちびるまで黒染めになり、顔のなかに現れたブラックホールは、自分では目撃できないところもよけい怖ろしい。しかし、それでも食べたい衝動に勝てないのは、墨に潜む甘み、アミノ酸たっぷりのうまみのせいだ。墨には、代替えのきかない奇妙な闇の味がある。

いったい誰が最初にいかの墨など食べようと思ったのだろう。なまこやホヤなどと違って、いか墨の場合は、さばくとき墨袋をうっかり破った怪我の功名だろう。沖縄のいか墨汁などは、いか墨の味あればこそ。捨ててしまいそうなものを巧みに調味料に利用するだけでなく、頭痛やのぼせを鎮めるサギグスイ（下げ薬）としても伝承してきたのだから、沖縄の知恵のふかさに脱帽する。

昨夜、また久しぶりに墨をすってみた。しいんと家のなかが寝静まった夜ふけ、いつもの七つ道具を机のうえに並べ、墨を手に取る。数ヶ月ぶりに嗅ぐ墨の香りははやくも頭蓋を充たし、遠くのほうで幽玄が手招きをする。久しぶりに万葉仮名のおさらいでもしてみるか。たっぷり墨を吸い上げた筆の先端が半紙に触れたそのときだ、幽玄の世界をじゃまする思いつき――いか墨で書いてみたら、どんなかな。

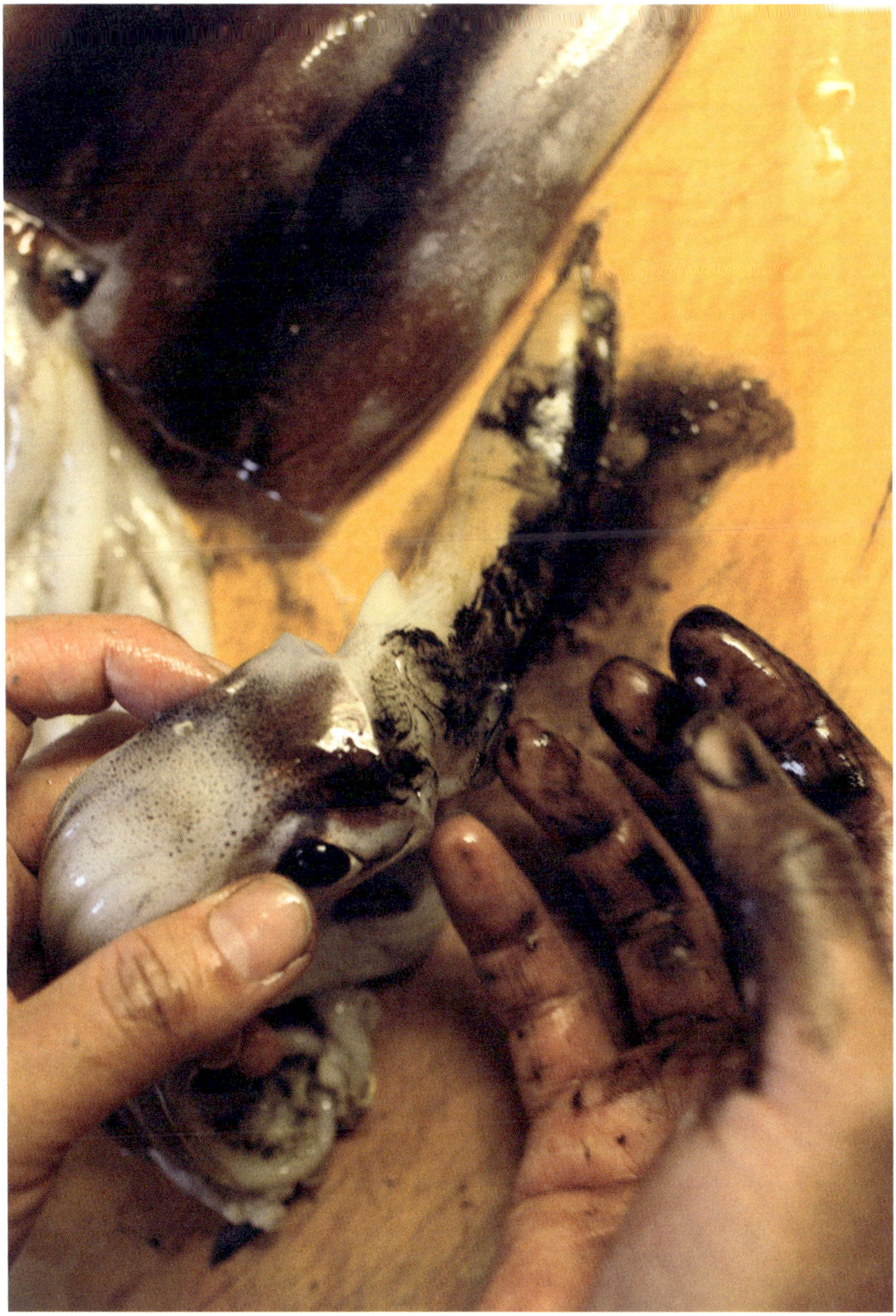

迷う
人生のY字路

定食屋に入るとき、途方に暮れることがある。午前中に会合があった日、あれこれ話しこんで用事を終えると昼過ぎである。地下鉄に乗って、ふた駅先の銀座に出て文房具を買い、ついでに書店を二軒回り終えると、急に空腹をおぼえた。時計を確かめたら午後一時過ぎだったから、よし、と膝を乗りだした。

今日こそ、かきフライ定食が食べたい。いま食べなければ今季のかきフライを逃してしまうかもしれないと思うと、気がはやって足がもつれるようだった。

定食屋の暖簾をくぐり、一席だけ空いたところへ滑りこんで品書きを眺める。目当ての一行を点検・確認し、さっそく頼もうと顔を上げたのだが、店内はかき入れどきの大混雑だ。ここは悠長に待つほかないと思い、時間潰しに品書きを眺めていると、メンチカツ定食、あじフライ定食、コロッケ定食、あじフライとコロッケの盛り合わせ定食……わたしは、にわかに逡巡に放りこまれた。

おばちゃんがやってきた。

わたしの口が勝手に動く。

「あじフライとコロッケの盛り合わせ定食ください」

ええっ。意味がわからない。ほんの数分前、かきフライ定食が食べたくて暖簾をくぐったばかりだというのに。かきフライとあじフライの前後では自分の人格さえ変わっている気がする。Y字路は人生の岐路だったかもしれず、激しく動揺する。

迷いのないひとになれたらな。折々に自己嫌悪に陥っているものだから、落語ひとつ聴いても、つい反応してしまう。数日前、ひさしぶりに志ん生の『鰻の幇間《たいこ》』を聴いていたときのこと。

幇間は、宴会やお座敷でお客の機嫌をとって一座を盛り上げる仕事で、男芸者とも太鼓持ちともいわれた（いま日本にプロの幇間が何人いるのだろうか）。さて、『鰻の幇間』である。録音データを確かめると、高座は昭和三十一年。うまいものを奢《おご》ってくれそうな旦那を掴まえようと、ひとりの幇間が町をぶらつく。志ん生の幇間は、どうにかお客にありつこうと鵜の目鷹の目。名前も知らないくせに「誰かと思ったらあなただった」などと口八丁手八丁。見知らぬ旦那にくっつくことに成功して鰻にありつくわけだが、なにしろ太鼓持ち、ひとを持ち上げることにおいて一切の迷いがない。見栄も誇りも放り投げて幇間に徹する姿を思い浮かべながら、突き抜けた「諦め芸」に感服。志ん生の話芸にたっぷりと酔わされながら、思った。たとえそれが刹那であれ、迷いのつけ入ることがない瞬間は、なんと潔く、爽快なのだろうか。

しかし、待てよ、とも思う。幇間はある意味、世間を超越した人物。いっぽうこちらは、煩悩にまみれた凡人。迷いがなければあらたな展開もなく、あじフライもコロッケも食べられなかったわけで——。はしご酒だって、あれは迷いの産物である。さっさと帰りゃいいのに、ずるずる引き延ばすのは迷いの変形バージョン。あれほど心愉しいことはない。

迷えるうちが花なのかもしれない。迷うのは選択が与えられている証拠だと思ったら、迷う暇もない幇間の悲哀が急に胸に迫ってきた。

カラオケスナック
ララ
居酒屋
営業中
ホッピー
居酒屋
めぐみ
一階

夕焼け
一瞬の祭事

「門倉修造は風呂を沸かしていた。

長いすねを二つ折りにして焚き口にしゃがみ込み、真新しい渋うちわと火吹竹を器用に使っているが、そのいでたちはどうみても風呂焚きには不似合いだった。」

向田邦子『あ・うん』の冒頭である。親友の水田仙吉が三年ぶりに地方勤めから東京へ戻ってくる。そのために門倉が借家探しから所帯道具まで一切合財を調え、水田は当然のようにして厚意を受け取って男同士の友情を育てるのだが、じつは、その内側には門倉と水田の妻との交情も潜んでいる。

小説では、風呂焚きが日暮れどきを連想させるにとどまっている。いっぽう映画『あ・うん』では、原作の行間から時間の淡いを映像化して提示している。監督は降旗康男。

小説の冒頭とおなじ場面、仕立てのよさそうなスーツ姿で風呂焚きに精出しているのは高倉健。いっぽう、汽車に乗って東京に向かっている水田仙吉は板東英二、妻たみ・富司純子、娘さと子・富田靖子。両手にトランクを提げて芝白金三光町まで帰りついた三人が、門倉が借りてぬかりなく準備をした借家を見つけて入るそのとき、スクリーンいっぱい、背景に鮮烈な色彩が広がる。

いちめんの夕焼け。薄青の画布に赤や紫を溶かし混ぜた、壮大な絵画を思わせる夕焼け空である。秒数にすればごくわずかな一シーンだが、夕焼けを目にしたとたん、観る者はさまざまな感情を受け取ることになる。新生活がはじまる昂ぶり、期待感。東京に舞い戻ってきた喜びと落ち着かなさ。無償の厚意にたいする照れ。三人三様、それぞれに色合いの違うこころの模様もいっしょに、夕焼けの複雑な色調に紛れこんでいる。

一日の終わりかけ、ときどき西の空が燃えてあたりを赤く染める日がある。すると、ただの日暮れが一転、にぎやかな祭事に変わる。夕焼けはもうじき訪れ来る闇の予兆でもあって、強烈な郷愁やせつなさの感情も刺激される。そこへおっかぶせて、近所の小学校から「夕焼け小焼け」のメロディなど聞こえてきたりすると、もうだめである。

帰る場所があるような、ないような、ぽつんとひとりだけ取り残されている心地。こどものころは、夕焼けをあおいでいると意味もなくもの哀しくなり、家が恋しくなった。おとなになっても気分は似通っている。夕焼けに見とれていると、あんなにきれいなのに、はぐれた気分が浮上してきて、石ころのひとつも蹴飛ばしたくなるのはどうしてだろう。そして、見知らぬ家から洩れてくる夕餉の匂いを嗅ぐと、ほっと安堵する。だから、「あ、夕焼けだ」と見つけるたび、一瞬その場に立ち尽くしてしまう。

だから、向田邦子がこまやかに書きこんだ情景描写に夕焼けの映像がくわわると、スクリーンに見入った。夕焼けがあるからこそ、その後のシーンも際立った。がらりと玄関を開け、真新しい家に上がって電灯を点す情景には、ぶじ辿り着いた安心感が照らしだされる。床の間には、門倉があらかじめ用意した尾頭付きの鯛（昭和のころ、日本人の慶事は尾頭付きの鯛がなければはじまらなかった）、熨斗紙にわざわざ「祝栄転」と書かれた一升瓶。米櫃のふたを開ければ、たっぷりの米。風呂もちょうどいい湯かげん。そこへ、門倉が注文をすませていた鰻重が三人ぶん届いて……。

あたりをまっ赤に染める夕焼けは、その気なんかなくても、いったんひとを不安定な場所に置く。世界に置き去りにされた感情を抱かされるからこそ、心を揺らす。そして、たったいまこの夕焼けを見上げているのは自分ひとりだけだという独占欲も湧いてくる。

校庭の地ならし用のローラーに座れば世界中が夕焼け　　　　穂村弘

自転車を除く

路地
街の廊下

「あそこは通ったらいかん、って、うちのおじいちゃんが」

連れだって歩いていたらおかっぱ頭のキクちゃんが身を寄せてひそひそ声で言うので、「えっ、もいっかい言って」と聞き返すと、苛立って眉毛を寄せて距離を詰めてきた。「だーかーら。あそこの道は、通ったら出てこられんの。ほんとだからね。ようこちゃんも覚えといたほうがいいよ」

芝居がかったキクちゃんの口ぶりは気になったが、ほんとうを言えばその道にずっと惹かれていたわたしは図星を指され、うろたえた。

おとながひとり通れるくらいの狭い路地である。長屋が連なっており、家々の軒は錆びが広がってガタついたトタン屋根。古びた木戸口。どぶ板。それらがのりしろを重ね合いながら奥へ繋がってゆく。晴れた日は文字通り青天井だが、雨が降ると、トタン屋根から滴り落ちた雨水が池をつくって何日もじめじめと湿っぽい。夕方にはぽつん、ぽつん、裸電球のオレンジ色の灯の下に一本の蔓《つる》のような細い道筋が浮かび上がっているのだが、わずかに右へ湾曲しているので先行きが見通せず、どこへ抜けるのかわからない。夕餉の匂いは確かにあったが、いつもひっそり閑と静まりかえっている。キクちゃんのおじいちゃんは、どうして「いかん」と言うのだろう――。

路地はそもそも「つくった」ものではなく「できた」ものである。表通りは計画の産物で、車やバスやら路面電車やら堂々と通る。裏通りにしても、裏とは呼ばれながらもけっきょくは表と一対をなす存在だ。しかし、路地は違う。路地はあくまでも地理や環境の「結果としてできた」ものだから、通るのはせいぜい自転車止まり。ただし、犬や猫は大手を振って歩く。等身大の影法師が気ままにすれ違い、ここはまるで街の廊下を歩くよう。「かくの如く路地は一種伝いがたき生活の悲哀の中に自から又深刻なる滑稽の情趣を伴わせた小説的世界である。」と著すのは、ごぞんじ、路地を偏愛した永井荷風である。『日和下駄』を持ち出すまでもなく、じっさい路地から路地を渡り歩くとき、ふと自分が芝居か小説の主人公にでもなったような安手の陶酔を覚えることがある。

路地ではほんとうにちいさな事件が起きる。蟋蟀《こおろぎ》を闘わせて虫王を決める中国の古い遊び、闘蟋《とうしつ》の現場に遭遇したのは上海の旧租界の路地に迷いこんだ夜だった。ひっそりと闘蟋に熱狂する男たちが清朝時代への案内人に思われ、わたしは時制を狂わされて動けなくなった。または北海道根室の路地裏。あてずっぽうでマッチ箱みたいなスナックの扉を開けると、夢色のロングドレスのママが出迎えてくれ、水割りといっしょに置いてくれたのは艶々のホヤ。まるで芝居の一場面に紛れこんだ心地がした。那覇に行けば、かならずうろつきたくなるのが安里の栄町市場の路地だ。ここは昭和二十四年にできた沖縄でいちばん古い公設市場で、戦前には「ひめゆり学徒隊」で知られる女学生の学舎があった場所でもある。路地は、土地の記憶の道すじでもあるだろうか。

キクちゃんが眉を顰《ひそ》めて指さした路地を、ずいぶんおとなになってから歩いてみたことがある。トタン屋根も木戸口もどぶ板も、むかしの面影は跡形もなく消え、代わりに両側にはモルタル家屋が建ち並んでいる。その間を走る路地はコンクリートに舗装されていたが、路地のはじまりに立つと、あのなつかしい一本の蔓の蛇行が浮上し、ほどなく夕餉の匂いが流れてくるのだった。キクちゃんは「通ったら出てこられん」と言っていたけれど、十メートルも歩くと、商店街のなかに突然あっさりと出てしまった。

時間待ち
それも味のうち

理由はなににせよ、痺れを切らして自分から腰を上げて前のめりになるひと、腹を据えて待つひと。待つことを課せられたとき、ひとはふたつに分かれるようである。

携帯電話など夢の発明品だと思われていた何十年も前、待ち合わせの相手が来ないときどのていど辛抱して待つか、というのが話題になった時代がある。いまなら笑い話にしかならないけれど、駅の伝言板（あののんびりした風情がたまらなくなつかしい）が頼りだったころは切実な案件だった。十五分待って帰ろうと思い、いや帰った直後に現れたらどうしようと弱気になり、もう十五分だけと決めて待ち、またもや切り上げる勇気が出ず……繰り返したあげく二、三時間を潰してしまったと嘆くともだちはざらだった。勘違いならひと悶着あっておしまいだが、どうやらすっぽかされたなどという場合、涙ながらの後日談を聞くはめになった。うんうんとうなずいて慰めながら、そうか、待たせる時間、待つ時間、どちらにも無言のうちに意志は託されているのだなと世間勉強をした。

毎日料理をするようになって、まっさきに覚えたのも待つことだった。つまり時間待ち。機が訪れるまでじっくり待たなければ次がはじまらない、そういうとき。

「待てないひとがいますが、あれはいけません。おいしいものがつくれるわけがない」

糊のきいた割烹着に袖を通したおばあさんがぴしゃりと言い渡すので、わたしは緊張し、身を硬くした。なぜそういう成り行きになったかまるで思いだせない三十年以上も前の話だが、三、四人集まって精進料理を習いに行ったことがある。たしか、茶道の先生ではなかったか。ほかのことはさっぱり忘れてしまったのに、しんしんと冷え上がる台所の床の冷たさと、あの直截な言葉が忘れられない。

いまならよくわかる。時間待ちも味のうち。煮物ひとつとっても、時間待ちの一語が身につまされる。肝心なのは、じつは火を消したそのあとなのだ。ただそこに置いておくだけで、味がゆっくり沁みてゆく。

時間待ちも味つけの一部なのである。シチュー。魚の煮つけ。おでん。ピクルス。味噌漬け。それぞれ「このくらい」と要求してくる適正な時間待ちがあり、そこを充たさなければ、どうがんばってみてもそっけない味、かさついた味に終わる。調味料や素材のよしあしを超えた問題である。

とはいえ、ときどき鍋のふたを開け、待ち遠しい気分をあやすのはうれしいものだ。まだかな、もうそろそろ。鍋の中身がすっかり落ち着いて光沢を帯びはじめた様子を確認すると、待った自分を認め、そのあとの時間待ちに余裕が生まれる。お菓子を焼く趣味をもつ知人は、ケーキやパンが焼けるまでのどきどきする時間待ちはなにかの修業のようだと言う。

時間待ちは人生の味つけでもあるだろうか。待ち合わせの場所、たとえば東京駅の銀の鈴の前に立ち、刻々と迫り来る発車時刻に肝を冷やしながら待ちぼうけを食わされているとき。いったい神様はなにを試そうと思っているのだろう、と思ったりする。

JR

めまい
くるくるの恍惚

その町のことを教えてくれたのはYさんだった。ちょうど花見の時季だった。

「近所に桜町という名前の一角があったのですが、ご存じですか」

いえ知りませんと答えると、Yさんはつづけた。ただし桜町という町名は何年も前に地図から消えており、いまは一丁目から五丁目まで共通するへんてつのない名前に変わっています。ここへ行ってごらんなさい。いらっしゃれば意味はすぐわかりますから。

意味深長に水を向けられ、数日後、わたしはYさんが手帳の一ページを破って書きつけてくれた地図を頼りに、くだんの桜町へ出かけていったのである。往来の激しいバス通りから住宅街へ入り、しばらく歩くと細い水路に出る。ちょろちょろと浅い流れを眺めながら水路づたいに歩き、ちいさな荒物屋を目印にして右へ曲がりこんだ。

その一角がかつて桜町と呼ばれたわけはすぐわかった。郵便ポストと肩を並べてそびえる桜の大木には、盛りを過ぎてなお縦横に広がった枝に花がひしめいて桃色の雲海のようだ。消えた町のシンボルだったのだと思いながら視線をゆっくり降ろすなり、わたしは息を詰めて立ちすくんでしまった。

時間の流れがへんだ。一見なんでもない家並みに見えるのだが、T字路の行き止まりの児童公園まで三十メートルほどの一区画は書き割りのように空気が希薄で、時間の流れにゆるい歪みがある。すぐに萩原朔太郎『猫町』が浮かんだ。秋の山道で迷い子になり、ようよう麓へ辿り着いた朔太郎は「繁華な美しい町」に紛れこむ。

「私は幻燈を見るような思いをしながら、次第に町の方へ近付いて行った。そしてとうとう、自分でその幻燈の中へ、這入って行った。」（『猫町』岩波文庫）

かたやここには人っ子ひとりおらず、犬も、猫も、鳥もいっさいの気配がない。路の左右にならぶ家々はひっそり閑としたまま、音も匂いもない真空状態だ。知覚が奪われた恐怖に粟立ちながら、それでも歩を進めてゆくと「豆腐屋」の看板があった。救われた気がして急ぎ足で近づくと、ミントグリーンのペンキが剥げかけた木枠のガラス戸が三枚立てつけてあるのだが、内側には古ぼけた白いカーテンが垂れている。すぐ隣のクリーニング屋にも青い縦縞のカーテンがひっそりとかかっていた。誰かがひょいと出てきたら、セルロイドのお面をつけていそうだ。ここは『猫町』そのもので、「家々の窓口からは、髭の生えた猫の顔が、額縁の中の絵のようにして、大きく浮き出して現れて」

くるかもしれない。わたしはめまいがした。抗いたいのに、いっそ渦中に巻きこまれてもみたい。あわてて豆腐屋から離れ、行き止まりの児童公園まで行き着いて呼吸を整え、そろりと首を背後に回してみた。すると、いましがたの風景がたしかにあった。桜町は幻燈の世界ではなかったのだ。Yさんの「ほらね」という声が聞こえた。

やみくもに歩き、ようやくもとのバス通りまで出ると一軒の蕎麦屋が目に飛びこんできた。白い暖簾が風に揺れ、軒先に出前の自転車が停めてあるのを見たとたん、急に空腹を覚えて店に吸いこまれた。座るなり口をついてでた。

「カツ丼ください」

揚げたてのとんかつは火傷しそうに熱く、衣にとろっとまとわりつく卵が口中を潤した。濃い汁のしみた飯や添えものの紅しょうがを噛んでいると、しだいに人心地が戻ってきた。ぬくい丼の熱を掌で受けながら、ああそういえば、と思いだす。以前、雑司ヶ谷霊園で墓参りをすませたついでに広い園内を散策したあと、駅前の食堂に入って憑かれたように平らげたのもカツ丼だった。

掲載した写真について

50ページ「すじ」
東京・浅草の居酒屋「正ちゃん」。

58ページ「揚げ物」
東京・吉祥寺の精肉店「さとう」。

96ページ「ストロー」
東京・西荻窪の洋菓子とフランス料理「こけし屋」本館2階の喫茶室。

124ページ「ショーケース」
大阪・なんばの洋食「自由軒 難波本店」。

130ページ「店長」
東京・西日暮里の「餃子の王将 西日暮里店」。

138ページ「爪」
東京・銀座の寿司「青空（はるたか）」。

146ページ「記憶」
『西の旅』Vol.15（2007年、京阪神エルマガジン刊）より。

154ページ「満腹」
東京・西荻窪の中国料理店「萬福飯店」。

164ページ「行列」
東京・築地市場場内「寿司大」。

172ページ「草」
岡山・蒜山高原の「吉田牧場」。

180ページ「迷う」
東京・大井町の路地。

184ページ「夕焼け」
東京・西小山のニコニコ通り。

188ページ「路地」
東京・吉祥寺の「ハモニカ横丁」。

192ページ「時間待ち」
東京駅・丸の内北口。

本書は、食の雑誌『ｄａｎｃｙｕ（ダンチュウ）』（プレジデント社刊）で２００２年１月号から続いている連載「台所の時間」の２０１０年５月号から２０１４年６月号掲載分に加筆・修正したものです。

平松洋子　ひらまつようこ

エッセイスト。１９８０年東京女子大学文理学部社会学科卒業。主著に『買えない味』（筑摩書房　第16回ｂｕｎｋａｍｕｒａドゥマゴ文学賞受賞）、『野蛮な読書』（集英社　第28回講談社エッセイ賞受賞）、『おもたせ暦』『おとなの味』『夜中にジャムを煮る』『焼き餃子と名画座』（以上、新潮文庫）、『なつかしいひと』（新潮社）、『サンドウィッチは銀座で』（文春文庫）、『ステーキは下町で』（文藝春秋）、『小鳥来る日』（毎日新聞社）、『ひさしぶりの海苔弁』（文藝春秋）、『本の花』（本の雑誌社）など多数。

今日《きょう》はぶどうパン

二〇一四年十一月一日　第一刷発行

著者　平松洋子

発行者　長坂嘉昭

発行所　株式会社プレジデント社

〒一〇二-八六四一　東京都千代田区平河町二-十六-一

電話　編集　〇三-三二三七-三七二〇

販売　〇三-三二三七-三七三一

編集　植野広生

装丁　島田　隆

制作　関　結香

印刷・製本　凸版印刷株式会社

ISBN978-4-8334-5067-6

Printed in Japan